FSC

www.fsc.org

MIX

Papier aus ver-
antwortungsvollen
Quellen

Paper from
responsible sources

FSC® C105338

AF190263

Walter Dellers

Geboren am 28.2.28 und aufgewachsen zu Fürth in Franken, im September/Oktober 1939 Flucht nach Basel, unwillkommen, arm, aber sicher.

Studium Philologie, Philosophie, Doktorarbeit über Clemens Brentano.

Lektor für deutsche Sprache und Literatur an der Universität Cambridge/England, Caius und Pembroke College. Lehrer am Wirtschaftsgymnasium Basel, Dozent am European American Study Center und an der Höheren Wirtschafts- und Verwaltungsschule.

Als Rentner Stellvertretungen an der Sehbehindertenschule Basel.

Tod der Gattin 2010 nach fast sechzigjähriger Ehe, sieben Söhne, sieben Enkel, vier Enkelinnen, ein Urenkel, zwei Urenkelinnen.

Heimat Deutschland, Umfeld Schweiz, Lebenskreis Europa.

Walter Dellers

Verschwende die Zeit, sie dauert länger als du.

Gedichte 2018 - 2022

www.walter.dellers.ch

Die Deutsche Nationalbibliothek verzeichnet diese Publikation in der Deutschen Nationalbibliografie. Detaillierte bibliografische Daten sind im Internet über dnb.d-nb.de abrufbar.

Walter Dellers
Verschwende die Zeit,
sie dauert länger als du.
2018 - 2022

ISBN-13: 978 3744888400
1. Auflage 2023

www.walter.dellers.ch

2018

Seid ihr mir nah?
Rücke ich euch näher?
Gestern wart ihr um mich,
heute seid ihr in mir,
morgen, ja morgen
bin ich euer.

*

Habe meine Kindheit beschrieben –
»bricht ab«, »wie gehts denn weiter?«
»wäre spannend« –
Schicksal, Verhängnis,
mittelschwer verletzt,
aus dem Waisenhaus heraus
plötzlich mit zwölf erwachsen,
wieder auf den Beinen,
aufgerappelt,
versteinert
nach außen.

*

Do hotsn higschmissn,
do wor er fei bedeppert,
do is er wieder worn,
verwundet,
verwundert.

*

Die Schlüsselblume
mitten im Rasen,
mitten im Januar,
trotzt dem Frost in der Nacht,
leuchtet im hellen Mittag:
da bin ich.

*

War eine zauberhafte Nacht,
war eine harte Geburt,
Blut und Wasser und Schmerz,
und dann das Wunder in den Armen,
das warst du.

*

Frauen, die mich einst begehrten
oder liebten, schweben
lächelnd an mir vorüber,
aus dem vergangenen Dunkel
ihren unsichtbaren Zielen zu,
ich stapfe unentwegt
den stillen Feldweg hinauf
zum unbekannten Paradies.

*

Grimmiger Enkel, groß und stark
gewachsen, deine Gedanken brach,
ungepflügt, dein Gefühl unruhig,
umarmst dich selber im Nebel
wallender Weinwolken, ich
reiche dir, unsichtbar, die Hand.

*

Regelmäßige Rhythmen
alter Jazzkompositionen
sind die Herzschrittmacher
geruhsamer Abende.

*

In der Januarsonne
sprossen heute Vormittag
die lila Blüten
des Wiesenschaumkrauts
durchs leuchtendgrüne Moos
quer über den Garten hervor,
ungeduldig sich wiegend
im sanften Wind.

*

Die Jungen werden älter,
wie sichs gebührt,
doch ich verharre
unachtsam im
immer gleichen Rhythmus.

*

Kommst du mit mir tanzen
im Paradies, wo ich vielleicht
fröhlich verweile, bald,
damit ich nicht auch dort
mich allein des Daseins freue.

*

Als Mädchen huschte ich barfuß
durch Schuppen trocknender Ziegel,
neckte die Knaben von oben,
entsprang jeder Verfolgung –
nun ist mein achtzigjähriges Füßchen
schöner denn je, das sechste Zehlein
ist weg, das mittlere wieder gerade,
mein Geselle darf mit mir
mein neues Füßchen freudig betrachten.

*

Ich, kluges Köpfchen,
habe mir ein Fußhäuschen gebaut,
modern, aus durchlochtem Metall,
mit einer warmen Decke drüber,
darin zappeln meine
neugefügten Zehlein,
derweil ich oben ruhig schlafe.

*

Kaffee und Schokoladenwaffel,
ohne Pfeifenqualm im Winter,
Musik und Zeitung und Hinausgeträum
durchs Fenster in den verschämt
blühenden Schneeball-
und Schneeglöckchengarten:
Ruhestündchen im hohen Alter.

*

Einst? Da war was, fern,
Gutes, Schlimmes, Helles, Dunkles,
aber jetzt durchfließt mich der neue Tag,
trägt, stärkt, erfreut mich.
*

Graue Wolken draußen,
im Seelengarten Sonne,
verschwiegene Lauben,
zwischen den blühenden Rabatten
lustwandeln selige Paare.
*

Nie, als an der Basler Fasnacht,
mehr Arbeit, Ordnung, Ernst.
Ächtung aller Eseleien des Äons,
getrommelt, gepfiffen, geblasen,
trompetet, posaunt, fanfart,
gesungen mit witzigen Pfeilen,
Kulturerbe jahrlang geschaffen.
*

»Schnitzelbänke«
gesungen von gescheiten,
gewitzten Baslern
für verständige Zuhörer:
Sinn für Gerechtigkeit,
Fleiß und demokratisches
Verhalten alltäglich
und öffentlich:
erheiternd tröstlich
in der kalten
Winterwelt.

*

Nachts gehen die Geister
von Nord nach Süd
über die Eichenbohlen
durch mein Zimmer,
sind sie arg laut,
schnelle ich auf, lausche,
sie lassen sich nicht stören,
gehen hintereinander ihren
vorgeschriebenen Weg,
ich bräuchte nicht zu erschrecken,
sie kümmern sich nicht um mich,
gehen ohne Rücksicht ihren Gang,
einverleibt in die kalte
Ordnung der Welt.

*

Einstieg ins warme Bett,
die Nacht ist kalt,
Embryostellung, bis die
mütterliche Wärme sich ausbreitet,
dann erwachsenes Strecken,
hier bin ich beschützt,
komm, schöner Traum!

*

Frescobaldi spielt für mich
Toccaten auf dem Cembalo,
hergezaubert zwischen den Zweigen,
den Ästen, den Ästchen der Buchen im Garten
im kalten späten März.

*

Der Himmel hängt im frühen Frühling
mit grauer Decke über der Stadt,
Schnee fällt und deckt die Osterglocken,
sie blühen golden im Liegen.

*

Harmonie
Die Steine auf dem Pfad
räume ich weg.
Die spitzen kratzen, doch
fliegen sie leicht ins Gebüsch.
Die runden sind glatt, aber schwer,
ich brauche zwei Hände
und schiebe sie an den Rand
mit Mühe.
Der Weg glänzt.
*

Sommerabend am 20. April
im Gärtchen am Wielandplatz,
freudig erregtes Gespräch,
seltenes Lob der Frauen
des englischen Pfeifentabaks,
nach dem Konzert des Hang-Trios,
drei haben sich gefunden,
aus Leimen im Elsass,
aus Israel, aus Aarau,
der Gedenktag vergessen,
das Leben ist jetzt,
im Dämmerdunkel
am Wielandplatz zu Basel.
*

Pastis und Pfeife
auf dem Balkon
über den Dächern der Stadt,
der Jura grünt in der Ferne,
verheißungsvoll der Blick
in das unendliche Blau.

*

Saurier aus dem Boden von Frick,
vierhundertfünfzig Millionen Jahre,
Vorläufer der Vögel,
wer bist du, Partikelchen
im Weltgefüge?
Bloß hundert Jahre sind dir vergönnt
im Kampf ums Dasein,
von Sehnsucht getragen
nach ewiger Seligkeit.

*

Nennt sich Müllmuseum
in Wallbach am Hochrhein,
Erzeugnisse der Vorfahren,
einst gebraucht und geschätzt,
ausgestellt zur Erinnerung
den Staunenden.

*

Ah, ihr blauen Lupinen,
angewindet
im ungeschnittenen Gras,
ich lasse euch leuchten!

*

Die gelben Butterblumen
widerspiegeln die Sonne
im grünen Gras.

*

In den Sonnenduft
kräuselt sich der Pfeifenrauch
fröhlich hinauf.

*

Die Rosenknospen
warten schon prall
auf ihre Blütenzeit
im warmen Mai.

*

Haste was, so biste was.
Was hast du?
Träume.
Was bist du?
Sehnsucht.

*

Die Gänseblümchen, die Butterblumen,
die Lupinen, der Löwenzahn,
sie blühen alle und verwelken,
wie wir alle, fürs
biologische Gleichgewicht.
Barmherzig ist nur der Mensch.

*

Aeschenvorstadt Basel--- Mai 2018

Das Mittelalter verdrängt,
Autogerechtigkeit der
1950er Jahre:
breite Zufahrt zur Stadtmitte,
heute beherrscht vom Fahrrad
und der Straßenbahn,
lärmig komfortables Wohnen
über Geschäften und Menschengedränge.
*

Holbein kam in Paris nicht an,
so rühmt sich Basel heute
seiner tüchtigen Bilder.
*

So viele Menschen, so viele Bilder
im Kopf: Wünsche und Wüte,
Kaleidoskop von glücklichen
Sehnsüchten, tiefen und flachen,
durchsetzt
von egoistischen Viren:
ich bin ich.
*

Die Handelsbank brach
neunzehnhundertfünfundvierzig ein,
hatte zu sehr auf
den Aufschwung gesetzt,
den der Gröfaz in den
Untergang trieb,
nur wenige sahn es voraus.
*

Gegenüber die Kantonalbank:
in den Siebzigern Sohn Ruben
ausgebildet als »unser Herr Dellers«,
ein Aufsteiger.
*

Vor dem Tabakladen
rauche ich eine Pfeife,
diese Stadt ist mir
nicht Heimat geworden,
aber zufriedene
Lebensgewohnheit
mit vielen Freunden.
*

Die Frauen sind männlich geworden,
nur wenige tragen noch einen Rock,
Preis der Gleichberechtigung,
was ihr könnt, können wir auch,
nur das Leben
schenken wir allein.
****

Konzert, Theater, Tanz und Lesung,
Schau, Museum, Grill, Gespräch,
Haushalt, Wäsche, Garten, Fernsehn,
Buchhaltung, Einkaufen, Post,
Ausflüge, Fahrten, Café und Kino,
Telefon, E-Mail und Messages,
Briefe, Geburtstagswünsche, Besuch,
Arzt und Zahnarzt, Turnen, Spazieren,
Zeitung, Buch, Schreiben, Denken,
Erinnern, Träumen, Planen,
Aktivitäten sonder Zahl,
allein, zu zweit, zu vielen:
Mensch unter Menschen.

*

Träumen und träumen und träumen,
auch handeln und wandeln,
aber träumen greift tiefer
nach innen,
erhellt und erfreut.

*

Waldhang im Mai
Unbewegt leuchten die Kieferkerzen,
die Birkenblätter tänzeln im Wind,
der Nussbaum wiegt sich leicht im Takt,
der Kirschbaum zeigt die kommenden Früchte,
erhaben prangen die weißen Dolden
der Kastanie
am Steilhang.

*

Spargel und Lachs und Ötlinger Sonnhole,
Gespräch über die Aufgaben der Politik,
die zu bewältigen wären,
wenn sie die Oberen sähen.

*

Gewitterneigung am Maiabend,
der Tag war heiß, war trocken,
es wird nicht regnen,
morgen muss ich die Wurzeln begießen,
sie strecken sich nach unten.

*

O weh, nun habe ich die bunten Blumen
im Gras alle geschnitten,
es musste sein, es ist schon Mai,
nun wird mich der grüne Teppich
ruhig durch den Sommer begleiten.

*

Die Wolken ziehn ab, die Bäume dunkeln,
goldene Fenster schimmern durch die Büsche,
die fröhlichen Stimmen der Jugend
perlen in die Nacht.

*

Berlin--- Mai 2018

In Steglitz ist der Himmel weit,
der Abendstern nah,
der Horizont rotgolden,
das verhangene Fenster ocker,
das Blau unendlich.
*

Oh, der Abendbalkon
mit den roten Geranien.
Der Bewohner darüber
gießt seine und meine.
Es sprüht fröhlich herunter,
wir erfreuen uns beide
am lebendigen Wasser.
*

Einst im Kinderwagen,
später den Kinderwagen geschoben,
jetzt im Rollstuhl:
Muttertag.
*

Der Abendstern über den Dächern
schwebt hoch und allein
auf dem apfelsinenen Horizont
silbern.
*

Die silberne Venus
über dem Apfelsinenhorizont
so weit weg.

*

Du warst der Himmel auf Erden,
die schäumenden Wellen der Nordsee,
das verflachende Land,
der versunkene Bunker.

*

Fünfundfünfzig Jahre
am Steglitzer Damm,
die Geschäfte gewechselt,
die Wirtschaften gehoben,
die Vielvölker berlinern.

*

Die Maisonne dezent
unter dem frischen Grün,
die Kinder an der Hand,
die Einkaufstüten gefüllt.

*

Die Kinder von der Schule abgeholt,
die Großstadt verlangts,
manche zu den Aufgaben nachhaus,
manche zu einem Eis von Opa.

*

Wenn ein Busfahrer erkrankt,
fährt kein Ersatz,
nachts am Innsbrucker Platz
vierzig Minuten gewartet,
ein Standbild.

*

Die Pfeife schmeckt überall,
englischer Duft,
manche nehmen ihn wahr,
erfreut.

*

Der runde Rücken,
rot gewandet,
kolossal,
den Menschen gehts gut.

*

Neunzig Jahre erreicht,
ist kein Verdienst,
ist Geschenk des Schicksals,
bin dankbar.

*

Der Nachmittag geht sanft
in den Abend über,
der Maiwind kühlt,
das Gewitter naht.

*

Mach dich auf den Heimweg
zur Borstellstraße,
bevor der Regen
deinen Schirm verlangt.
*

In vier Stunden von Schwäbisch Hall
nach Lankwitz zur Partnerin gebraust,
eine Woche monatlich,
ihr ists am schwäbischen Waldrand
zu einsam, Leute und Lärm muss sein,
jung ist im Alter das Auto.
*

Rings um Berlin hängen die Schauer,
über der Stadt strahlt die Sonne,
strahlt sie? Sie lacht durch die Schäfchendecke
auf die Raucher in den Straßencafés.
*

Verschwunden die Ahnen,
Großeltern, Eltern,
Frau und Sohn,
Geliebte und Freunde,
aber die anderen Söhne,
die Enkel gedeihen,
und neue Freunde
erwarten dich.
*

Der Himmelszeichner zieht
einen weißen Strich im fernen Westen,
im nahen Westen, im Süden,
und einen auf mich zu, er hat mich
auf dem Balkon erspäht, danke.

*

Der Abendhimmel ist mit
goldenen Schäfchen gesprenkelt,
der Wind frischt auf,
bläst mir stürmisch um die Haut,
wir lieben uns.

*

Chianti aus der Korbflasche,
Spaghetti, Zigarette zum Trost,
Essen mit Mastroianni
im »Ritrovo«, Schöneberg,
trauriges Nachdenken über
die Disharmonie
unter Männern und Frauen.

*

Die Pastorenfamilien aus Riga und Paris
feiern in Berlin
den Konfirmanden am Tag
des Feuerzungengeistes
an einer Tafel im »Opera«,
ihre Sonntagskleidermädchen
hüpfen zwischen den kühlen Stühlen
des windverblasenen Gartens
den fröhlichen Tag hindurch.

*

Das griechische Pfingsten mit dem
Geist Platons und den mitreißenden
Feuerzungen ist ein amtlicher Feiertag,
man fährt ins Freie, genießt die
erhaltene Natur, die Alten betrachten
vom Balkon Goethes liebliches Grün,
wo früher der Himmel blaute, ziehen
die Flieger ihre silbernen Streifen:
wir sind zufrieden.

*

Halt ein, unser Wasser ist
voller gefährlicher Keime,
mit unserem Filter wird es rein,
da, trinks: tja, es schmeckt
wie flüssiges Papier, brrr.
Genüsslich schlürfe ich Leitungswasser,
voller gefährlicher Keime,
und gebe meinem Immunsystem
was zu knabbern.

*

Ich solle die Wäsche auf dem Balkon
nicht einräuchern,
mahnt meine Schwester.
Sie liebt alles Gesunde,
ich liebe alles Ungesunde,
so werden wir beide
auf eigene Weise
uralt.

*

Der Mond ist über Kopenhagen,
Marseille und Rom derselbe,
er regt die Wellen, die Pflanzen,
die Liebenden an,
er streut sein geborgtes Licht
sanft auf die geliebte Erde.

*

Im Süden der Mond,
im Westen die Venus,
der Nordstern,
im Osten der blinkende Flieger:
der Himmel über Berlin.

*

Der schattig-heiße Nachmittag
im Ritrovo an der
Martin-Luther-Straße
versenkt dich träumerisch
nach Positano, Amalfi, Pesto,
auch nach Barbarano Romano:
das magische Glück in Italien
funkelt ewig in dir.
*

Dieselben Wolken über den Eltern,
als sie im »Haus Vaterland«
über dem Abgrund tanzten
und hinabgestoßen wurden,
über dem Zertrümmerer
des Schwarzen Reiches,
und über uns in Zeiten
des äußeren Wohlergehens.
*

Die Maisommerhitze
verwirbelt der kühle Nordost,
die Bäume schwanken,
die Äste tanzen,
die Autos sausen,
die Menschen schlürfen
roten Wein
in den Schankgärten,
einer raucht Pfeife,
am Steglitzer Damm.
*

Am Nebentisch unterhalten sich
dreie mit drei anderen
fernmündlich,
man gleicht sich an.

*

Im Pollenwind sitze ich
tränenden Auges,
laut redende Menschen
marschieren vorbei,
man ist vernetzt und
keiner ist mehr für sich.

*

Was war, ist vorbei.
Was ist, geht vorbei.
Was kommt, ist Hoffnung
aus Prinzip,
sagt Ernst Bloch.

*

Ich denke dein,
du bist nicht mein,
ich bin nicht dein Besitz,
du bist für mich,
ich bin für dich,
wir sind uns Mond und Blitz.

*

Englischer Tabak
verraucht im Berliner Wind,
flüchtig ist das Dasein,
wie geschwind sind neunzig Jahre
vergangen.

*

Das Tischtuch flattert,
ich rette den Wein,
der Wind erfrischt.

*

Krähenschwärme über grünen Bäumen,
über tausend Dächern,
Berlin:
Magnet des Nordens.

*

Schlummern im Zug,
des Reisens genug,
die Koffer gefüllt,
die Reste gemüllt,
Kassel vorbei,
die Uhr zeigt auf drei,
noch lang bis halb acht,
schläfrig durchwacht.

*

Alex, Hackesche Höfe, Bode,
Reichstag, Spree, Schweizer Botschaft,
Bundeskanzleramt,
der grüne Teppich Brandenburgs
und Niedersachsens,
die Wälderwellen Hessens,
die Himmelstürme Frankfurts,
gleiten durch mein Fenster
in der Deutschen Bahn
mannigfaltig.
                *

Heimgekommen: Waschmaschine,
Bettelbriefe, Zeitungen,
Mails, Anrufe, Werbung,
Buchhaltung, Steuerrechnung,
Garten, Freunde:
wo warst du denn so lange?
gehn wir aus, gehn wir essen,
treffen uns im Café,
Jahresfeier, Totenfeier,
Konzert, Theater, Kino, Fernsehn,
das Leben wartet hier auf dich.
        ****

Fahre nach Berlin für fünfzehn Tage
aus einem Haus fröhlichen Kinderlärms,
als ich zurück kam,
waren fünfzig Jahre vergangen,
der Garten verwildert, Bäume und Büsche
über Blumen und Gräser gebreitet,
die Räume voller Bilder und Bücher,
voller Erinnerung, still,
hier soll ich wohnen? Allein?
Daran muss ich mich erst gewöhnen.

*

Im Flötentanz fließt
die Traurigkeit in den
dunklen See hinab,
die weißen Wolken segeln
ruhig im unendlichen Blau:
du stehst auf Fels und
atmest frischen Wind
im weltweiten Flötentanz.

*

Zehntausend Bücher auf den Schäften
im Haus von unten nach oben:
so viel Sehnsucht aufgezeichnet
von unzähligen Menschen:
wo du dich auch hineinliest,
spürst du die Seelen der
Vergangenen in dir
lebendig werden.

*

Der Klassiksender sprüht
Tropfen des wunderwirkenden
Wassers der Musik,
aus der Tiefe geschöpft
dem Lauschenden auf die Haut.

*

Hecken schneiden, Hecken schneiden,
mit Schneid sie schneidig schneiden,
nähert sich der nächste Regen,
wollen wachsen, wollen wachsen,
trotzt ihr mir? Wartet,
ich werd euch, was soll das?
Seid ihr stärker mit eurer Kraft?
Noch messen wir uns, mit der Klippschere,
zehn Jahre mindestens.

*

Feuchtwarmer Juni, den Garten
in Schach halten,
er will zu hoch hinaus,
rupfen, stechen, schneiden, sägen,
schwitzen ist gesund,
alles Üble verdampft,
innen süße Kühle.

*

Ein sanfter Glockenschlag
in der Abendstille
der Gärten, die Amseln
unentwegt melodisch,
der Himmel hell hinter
dunklen Baumkronen,
Träume steigen auf.

*

War ein frischer Oberschüler
in Fürth vor achtzig Jahren,
heute ein alter Lehrer
in seinem Basler Garten,
verträumt wie einer, der
auf dem Weg zum Paradies
zwischen Kornblumen und Mohn
langsam sein Ziel erreicht.

*

Rasen, Baum und Büsche, Unkraut,
den Garten im Zaum gehalten,
die Hortensien blühn,
neue Rosen,
die Abendglocken läuten,
kühler Nordwind um die Haut,
Wohlgefühl in Leib und Seele,
die Pfeife schmeckt,
paradiesisch.

*

Ein Zahn verlässt mich,
hat achtzig Jahre seinen Dienst getan,
war alt und mürb geworden,
gern hätte ich ihn noch behalten,
doch seine Zeit war um,
Lob gebührt ihm und Gedenken.

*

Die rote Buche ist dem Himmel
näher als ich, gleich alt,
hat sie noch zweihundert Jahre
vor sich, wenn man sie lässt,
während ich als Staubwölkchen
ihren Wipfel umkreise.

*

Ein Sommerabend, »wie er im Buch steht«,
nein, nicht im Buch,
ich atme ihn ein,
seine abkühlende Wärme,
unter der graublauen Hülle,
Schutz vor äußeren Gefahren.

*

Noch ist es hell,
zehn Uhr abends,
Sommerzeit,
die Nacht ist kurz,
traumreich und tief.

*

So viele Sehnsüchte steigen auf
an Sommerabenden,
von Liebenden, von Träumern,
der helle Horizont
verbirgt das Geheimnis,
das erhoffte.

*

Garten am südlichen Hang,
Italien im Norden,
hunderterlei blühende Blumen
zwischen Büschen und Bäumen,
grüne Wildnis mit bunten Tupfen,
gehegt und besprochen
mit Liebe und Lust und Fleiß.

*

Die schwarzen Wölkchen
trullern heiter dahin:
wir tropfen dir nicht aufs Haupt,
wir steigen und lösen uns auf
hoch oben ins Licht.

*

Eingehegt durch grüne Wildnis,
als wäre ich im Wald,
auf einer Lichtung,
hoch oben der Abendhimmel,
von wasserträchtigen Wolken
durchzogen, der Pfeifenrauch
steigt senkrecht in der Gartenstille,
Wohlgefallen.

*

Waltershofen-Freiburg--- Juli 2018

Möglichkeiten
Schön wäre der Abend im Schatten
des Apfelbaumes, regnete es nicht,
von allen dringend ersehnt,
das trockne Land litte länger,
die Äpfel verlören ihren Glanz,
doch drinnen äße man fröhlich auch
und tränke sich heiter Prosit zu.

*

Ah, zollfrei fährt das Gewitter
vom Wasgenwald her über den Rhein
in die Freiburger Bucht und tränkt
die trockne Erde endlich nass,
und wir trinken drinnen den Wein
aus dem Elsass beim fröhlichen Schmaus.

*

Donner und Doria und blendende Blitze
und der rauschende Wasserfall
in die Büsche des Gartens in Waltershofen,
der Pfeifenrauch schwebt waagrecht
in dem kühlenden Tropfentanz,
und drinnen waltet der Meisterkoch
zu späterer Exzellenz
für die erlesenen Gäste.
****

Schwarzwaldgewitter: zögerst,
in die Rheinebene
herunter zu schwenken,
schickst ein paar Böen
in unsere Hitze,
dass wir aufatmen,
aber das erfrischende Nass
sprühst du den Tannen,
so dass wir unsere Gärten
selber netzen.
*

Ziehen schon näher, die Abendwolken,
sturmgetrieben, drücken
den heißen Wind in die Gärten,
wir sprengen gewissenhaft,
hoffen auf sanftes
nächtliches Gießen.
*

Gestern das eifrige
Familiengespräch
im Grillgarten,
heute die windfrische Stille
vor dem Gewitter.

*

Reden im heimischen Garten
von Reisen in exotische Fernen,
schön ist die gemeinsame Nähe,
zu der wir dann und wann
vergnügt uns einfinden.

*

Die alte JU 52 ist abgestürzt,
die Fliegenden hatten keine Zeit
ihre Sünden zu bereuen,
war auch nicht nötig, sie waren Menschen
wie du und ich, wohlmeinend,
hoffnungsvoll, die Angehörigen
vermeinen sie im Jenseits zu orten,
gedankenübertragend, bis sie
dem allgemeinen Vergessen
anheimfallen.

*

Die Schwarzwaldwolken lachen mich aus:
wir winken bloß, gieß du nur selber
deinen grünen Garten, sei nicht
so bequem, wir haben dir
genug Wasser in den Rhein
geschüttet.

*

Apfelsinensträuchlein,
kleine Knöllchen,
Andenken an eine Künstlerin,
längst eingetaucht
in den Kölner Karneval.

*

Fußball gespielt mit Hochgenuss,
wie Onkel Walter in Milwaukee,
am Sportstag Schüler gegen Lehrer
gepfiffen, die Schüler siegten,
waren jung und überlegen,
waren zwanzig, die Lehrer dreißig,
und ich Alter war schon vierzig.

*

Die schönste Stunde: Philosophie,
den Sinn des Lebens ergründen,
den eigenen finden,
vielen ists geglückt.

*

Auch der warme Abendwind
ist angenehm zu spüren,
nach dem heißen Tag,
sanftes Blätterrauschen
in den bewegten Bäumen.

*

Holla, der Wind dreht auf,
umtanzt die atmende Haut,
die Müdigkeit verfliegt.

*

Schwedische Streichhölzer
auf englischen Tabak
im Schweizer Garten:
Europa gedeiht.

*

Die Flieger landen und landen,
die Urlauber kehren heim,
pillengeschützt, ermattet,
da lief was,
außerhalb des Trotts.

*

Deine Seidenhutfabrik,
Großvater Schröder,
wär heute überflüssig,
hättest vielleicht auf
bunte Mützen umgeschwenkt,
du starbst zu früh.

*

Sattler in Döberitz,
Braumeister in Milwaukee,
Maurer in Binningen,
Taxifahrer in Chicago,
Gasriecher in Flandern,
Kohlenträger in New York:
meine Emigrantenonkel.
*

Getränkt der Garten,
das Herz, der Kopf,
innere Runde
zu einträchtigem Gespräch
über das kleine Glück
im gelben Wolkenabend.
*

Die Tröpfchen sind zählbar:
fünf, sechs, sieben,
das reicht für heute,
haucht der Südwestwind.
*

Geburtstagsstimmen
hinter den Büschen,
männliche Bässe,
weibliches Glockenspiel,
das Lied ist englisch global,
und ah, der Vulkan!
Und lauter und fröhlicher
in die Nacht hinein.
*

Die goldenen Rauten sind aufgegangen,
leuchtender Unkrautbusch,
einst vom Himmel gefallen.

*

Ein sparsamer Guss
hat den Garten besprüht,
die Wolken winken ade.

*

Die dunklen Wolken jagen,
tragen ihr Wasser vom Atlantik her,
bringens dem Schwarzwald,
mich unten beachten sie nicht,
keine Zeit! keine Zeit!

*

Das gibts: diese vollkommene
Gartenstille mitten in der
quirligen Stadt,
deine Träume schweben
an den grünen Bäumen auf.

*

Wenn Krankheit, Unfall, Überfall
an dir vorüberschrammen,
lebst du im Weltgetümmel
auf kleinem, eingehegtem Boden
idyllisch fröhlich angeregt,
von Sehnsucht nach dem Blau
darüber ganz erfüllt.

*

Der Himmel grau,
hält mich zum Narren,
er regnet nicht,
so muss ich aus der Erde
den Lebenstrank dem Grün
verteilen.
*

Was träumst? Von früher?
Nein, die Toten schweben in mir,
vom Leben träume ich,
solang es währt,
dann schwebe ich auch
in manchen Lebenden
als Bild.
*

Das weiße Wölkchen kommt vom Atlantik
übers massif central her,
fliegt über Schwarzwald, Franken, Sachsen
zum Balkon in Steglitz, auf dem
ich in einer Woche sitze,
wartet es auf mich?
*

18.8.18 Heiratstag.
Wer der Magie vertraut,
fällt ins Leere.
Glückauf, glückab, die Dauer
erwächst aus dem Willen
des Seelenfünkleins.
*

Die goldnen Rauten im Garten blühen auf,
erinnern an das schimmernde Unkraut
an Berliner Böschungen
längs der S-Bahn:
Berlin im späten Sommer,
über den Trümmern Glück.

*

Glück zu zweit, manches hält,
manches zerbröckelt,
manche versuchen es erneut,
den Kindern schwindelt,
sie klammern sich aneinander

*

Die Bibel: Weisheit aus alten Zeiten,
alten Völkern zusammengetragen,
soweit Weisheit eben reicht,
Wegweiser braucht der Mensch,
das Ziel ist Liebe, nicht Hass,
das wäre göttlich.

*

Nach dem Straßenfest
mitternächtliches Gespräch:
fröhliche Erkenntnis:
wir haben einander etwas zu sagen,
jeder wirft von seinem Schicksal
ein Lot bei Wasser und Wein
in die Runde:
wir sind uns einig,
trauen einander,
der kostbare Augenblick
funkelt in der Seele.

*

Die Hitze schwingt uns um die Hüften,
wir trällern und träumen,
sind fröhlich, sind schlaff,
der Sommer steht hoch im August,
kein Wölkchen, kein Tröpfchen,
wir trinken das kostbare Wasser
gegen Durst und Dürre
und lächeln uns schläfrig zu.

*

Die Nächte sind hell im August,
die Sterne zeigen uns
das Rätsel des Weltalls:
der Einzelne ist nichts,
die Art alles,
verloren sind wir, vergehn,
halten uns fest aneinander.

*

Carl Philipp Emanuel Bach
sinfoniert zu der leuchtenden
Rose hoch über der Mauer, heute
aufgeblüht als einzige
für Martas Geburtstag im
im späten Sommer, das
Sonntagskind.

*

Sie wiegt sich sanft im Wind
vor dem spätsommergrünen
Blättervorhang,
verwundert über Schönheit,
Tanz, Flötenklänge, flatternde
Wortschmetterlinge,
die neugeborene Rose.

*

Einer hat einst dieses Pfeifchen geraucht,
geliebt, gestorben,
seine Kraft hat er mir vermacht,
ich ziehe sie ein, atme sie aus,
sie hält mich lebendig.

*

Zusammenfall der Gegensätze,
Einklang des Seins,
durch gelehrte Unwissenheit
erahnt, trudeln wir hinein
und lösen uns selig auf?

*

Bleib bei deinem Leisten,
denk dir nicht Zuviel,
bewässere deinen Garten,
die Bäume grünen dirs zurück.

*

Morgen ist auch noch ein Tag,
und übermorgen noch einer,
und dann empfängt dich
die Nacht.

*

Ein Tag ist wieder vergangen,
wie viele bleiben dir noch?
Was tuts, verschwende die Zeit,
sie dauert länger als du.

*

Die Sommernacht ist warm,
streck dich hinein,
lass dich umschmeicheln
und versinke in ihr.

*

Lachend zogen sie dem Schwarzwald zu,
die Gewitter, laut lärmend umpolterten sie
die ächzende Stadt,
die Bäume sogen seufzend
vom Grundwasser tropfenweise,
so erwarte auch du nicht Hilfe
von oben, hol dir dein Glück
aus dem inneren Grund.

*

Die lokale Presse
deckt auf, empört sich, weist hin,
Unglück, Verbrechen, Skandal,
Kampf gegen Ungerechtigkeit –
das unendlich viele Gute geschieht
im Stillen, nicht erwähnenswert,
wahr, gut, schön ist
noch immer der Sinn des Daseins.

*

Bremerhaven   August/September 2018

Deutsches Auswandererhaus
Dem Weltkrieg und der Misere entronnen,
»muss i denn, muss i denn« –
seid ihr ausgewandert 1930,
»zum Städtele naus, Städtele naus« –
voll Hoffnung über Ellis Island,
Tante Friedel, Onkel Fritz,
Neffe Fritz, später Fred,
nach Chicago,
Onkel Hans nach New York,
Onkel Walter nach Milwaukee,
amerikanische Kinder geboren,
Heimweh immer, aber aufgegangen
in der Neuen Welt, waren tüchtig,
habens zu was gebracht,
vergangen alle, in mir lebendig
und registriert in Bremerhaven.

*

Tante Mina und Onkel Johann
wanderten nicht aus, blieben in Bremen,
gingen am Ende des Krieges unter,
nur Werner überlebte, kriegsgefangen,
als er heimkam, wars leer,
das war hart.
*

Hochzeit auf dem Dreimaster Seute Deern,
gutes Gelingen, wir wünschens, hoffens,
aber es ist ihre Arbeit und ihr Glück,
wir applaudieren und denken
an unsere Erwartungen, von damals und danach,
und was daraus wurde, was jetzt ist,
und ob wir die Welt verbessert haben.
*

In Bremen hätte ich wirken können,
aber die koloniale Zonenverwaltung
erschreckte mich, so zog ich
zurück in das Basler Exil
und fand dort die widerständige Aufgabe
eines verständnisvollen Erziehers.
****

Berlin--- August/September 2018

Unter dem Sichelmond
schwebt der schwarze Wolkenadler
umschwirrt von Wandersternen
über dem leuchtroten
Lichterfelder Kraftwerk,
dessen geglaubt sauberer Rauch
mir die Lampe drinnen erhellt.
Im Süden ist der Horizont
noch golden, in den ich mich
träume auf dem Steglitzer Hochbalkon.
*

Der Taxifahrer, türkisch,
in Berlin geboren,
trägt seine Herkunft in sich,
hat sich ins Tempelhofer Feld
verpflanzt, blüht geranienrot
in den nachthellen Straßen.
*

Was scheren dich die Dämonen
der Vergangenheit?
Wir wandern auf dem Weg,
von rotem Mohn und blauen
Kornblumen gesäumt,
zum Paradies –
OMNIA VINCIT AMOR.
*

Der Sichelmond
versinkt im Südwesten,
die Nacht umfängt die Seele
mit Träumen
schöner als der Tag.
*

Sommer 2018
Die Hitze versengte die Geranien,
die Dürre entblätterte die Kastanien,
die Jungen sprangen ins Wasser,
die Alten legten sich schlafen,
die Arbeitenden schwitzten sich gesund,
immerhin: es war ein Rekord.
*

Gespräch zu zweimal zwei:
die Frau zur Frau,
der Mann zum Mann,
die ersten erzählen,
die andern hören,
Geburtstagsgesteck.
*

Der Hundertsiebenundachtziger
am Innsbrucker Platz
füllt sich um zehn Uhr abends
mit der reiferen Jugend,
die nach Hause eilt,
um fünf oder sechs aufsteht,
zur Arbeit eilt,
während die Unreifen gegen Morgen
in starken Karossen
auf ihre Unterlagen rasen.

*

Träumen auf dem Nachtbalkon,
der Wind schläft schon,
der Geist ist wach,
Rauch umwölkt ihn,
klares Wasser tränkt ihn,
er wandert zwischen den funkelnden Sternen
ins Unbegreifliche.

*

Das Bisschen Wissen,
das wir dem All entreißen,
schützt uns.
Einst werden wir alles wissen,
werden selber die Lebenskraft,
werden göttlich.

*

11.September
Dein plötzlicher Tod, Sohn,
war echt, war Schmerz, war bitter,
was bleibt von dir?
und wo bleibst du?
 *

Der Telefonierer im ICE
will es genau wissen.
Sein analytisches Denken
erträgt keine Unwägheiten.
Ich lausche wie in der
Mathematikstunde einst,
verstehe alles, begreife nichts,
vergesse es sofort.
 *

Wenn eine Liebe plötzlich entweicht,
war sie eine gefangene Amsel,
die befreit wieder singt.
 *

Schweig:
sags nicht weiter,
eine Liebe ist gestorben,
das braucht niemand zu wissen.
 *

Sanft war der Abend,
hell der Morgen,
die Mondsichel hat über Nacht
die Rosen geköpft,
jetzt ist der Garten verdorrt,
die Sichel steigt in den Tag,
unschuldig lächelnd.

*

Wenn eine Liebe plötzlich endet,
war sie nicht echt, war Talmi,
Torheit, Täuschung, Trug,
suchte das Ihre.

*

Wechsel
Vom hohen Balkon
zur Gartenterrasse,
vom weiten Himmel
ins Unermessliche
zum Blick nach oben
zwischen Bäumen,
von der großen Welt
zum kleinen Idyll,
vom Friedensreich
zum Paradiesgärtlein.

****

Die sonnenweißen Wolkentürme
hinter den mattgrünen Zweigen
der hohen Buche verheißen
einen glücktragenden Herbst.
*

Enkelbesuch, drei Geschwister,
aus Bern, aus Zürich, aus Berlin,
kreativ, sozial, arbeitsfreudig,
alle Achtung, ihr jungen Klugen,
die Welt wird besser!
*

Meran--- Oktober 2018

Via Portici
Vino vero,
pipa vera,
la gente vera,
io un sogno.
*

Oktobersommer
in der Laubengasse,
Lagrein und Pfeife,
zwei fröhliche Söhne:
Oktobersommer.
*

ROMAN BAU
Kuntino Suites,
Liebe braucht Geld,
Geld braucht Liebe.

*

Til und die Instant Acts,
in Südtirol,
und Arek und Marie
und Thomas, und die Jugend
der Welt tanzt in der Runde:
die Zukunft ist hell.

*

Die Künstler der Instant Acts
kennen sich aufs beste
und manche auch aufs liebste,
am Ende der Tournée
von Berlin nach Meran
und zurück in alle Welt.

*

Hotel Bellevue,
modernisierter Jugendstil,
Marmor, Stuck, Glaslüster,
Frühstücksfülle,
Doppeltüren
in weichen roten
Teppichgängen.

*

Die Stadt ist überfüllt,
Pauken und Trompeten,
Trachten, Fahnen,
neuer Wein in alten Schläuchen:
Traubenfest.
*

Unentwegt
blaut der Himmel
tropfenlos seit Monaten,
Wasser nur in den Thermen,
ewiger Sommer.
****

Die Flügel der Bronchitis
senken sich.
Der Husten poltert davon
in den Novembernebel.
Der Sirup tropft aus.
Der Tee belebt.
Der Wein winkt.
Fräulein Brösels Johannisbeer
lockt.
*

Der helle Weißblauhimmel
im späten November
hält den erwarteten
Schnee zurück,
der tanzt die ganze Nacht dann
übermütig durch die schwankenden
Äste aufs federnde Gras,
nah dem willkommenen Winter.

*

Nach dem Tumult des Tages
hüllt wie weicher Nebel
Vivaldis harmonia entis
den Novemberabend ein,
bis dich ein sanfter Schlaf
ruhig atmend durch die Nacht
traumlos in den Morgen trägt.

*

Die kühle Helle des Morgens
stellt dich aus waagrechter Ruhe
in senkrechte Bewegung,
nach frischem Schauer und
allseitiger Gymnastik
ergreifst du den Tag
zu angeregtem Tun.

*

Fürth/Nürnberg--- November/Dezember 2018

Christkindlesmarkt
Hinter der Frauenkirche,
denn ihr Inneres gehört
dem Eröffnungsengel
über dem Mengengedrück,
der beste Platz wäre am Fernseher,
Rauschgold und
Goldrausch.
*

Dülls Honiglebkuchen,
ein Bissen sättigt,
die Alten hungerten sich durch
bis Weihnachten,
wir setzen noch eins drauf,
sind abwechslungsreich,
sind reich.
*

Der Taxifahrer von Zerzabelshof
zum Hauptbahnhof Nürnberg
war damals als Jude
nach Argentinien geflüchtet,
kehrte jedoch, heimwehkrank,
zurück ins einst gelobte Land.
*

Lese aus meinem Kindheitsbuch
über Fürth in Fürth,
Sohn Tassilo illustrierts
mit Flöte und Saxophon,
Traum und Wirklichkeit
zerfließen in eins.

*

Schiefer Hut
macht eine Frau attraktiv
sie will es sein,
sie kommt sich vor,
sie ist es nicht,
was tuts?

*

Schwabacher Straße
Die Fassaden, einst schwarz,
hell gesandet,
nur Fußgänger, vorwiegend türkisch,
billige Läden, der Einkauf
fünfzehn Ubahn-Minuten in Nürnberg,
Wolldecken auf Café-Stühlen
für die jungen Raucher,
der Eiswind bläst von Osten.

*

Von oben am Karlsteg hinüber zum Espan,
dahinter der spitze Kirchturm
von Poppenreuth,
außer neuen Häusern, auch hohen,
hat sich der Anblick erhalten
seit hundert Jahren.
****

Loslassen,
was dich an der Erde festhält:
entschweben.
*

2019

Von ferne höre ich
Tanzmusik schwingen,
leicht fliegen wir dahin,
der Erde sanft enthoben,
durch Wolkenduft und Himmelsblau
dem Licht entgegen.

*

In der Unendlichkeit,
wo die Parallelen sich schneiden,
da treffen wir uns.

*

Ich bin am Sterben,
im Hildegard-Hospiz,
palliativ wird mir
der Schmerz des Lebens erleichtert,
bald kommt er, Freund Hein,
und nimmt mich in seine Arme.

*

Hergeholt von fern,
die leuchtende Trompete,
durch den Radio ins Zimmer,
in die Dämmerung,
mit dem Winterwind,
verkündend: du springst mit mir
durch die Luft, schwerelos,
helle Jahre.

*

Dem eisigen Nordwind
widerstehe ich mit
glühendem Antlitz:
du erregst mich
zu lebendigem Tun,
erst der Frühling
lullt mich lächelnd ein.

*

So viel Vorwurf
in einer Liebe,
die zum ehernen Gesetz
geworden ist:
du musst, du hast, du bist –
umarmt euch doch, ihr beiden,
nehmt einander an und
werdet eins.

*

Eisenkraut:
stärkst das Eisen
in meinem Körperkraut,
mächtig blicke ich
auf meinen Kleinmut:
die Welt kann mir
innen nichts anhaben.

*

Nichts sicherer als Vivaldis Cello
innerhalb des geschlossenen Kreises,
harmonia entis, bewusstes
Schreiten, Hüpfen, auf und ab,
in die Mitte, die Tiefe,
dort tanzt das Glück, in
wohlschwingenden Klängen.
*

Mutters Weisheit
»Was schreibsch du denn da?«
»Ein Gedicht.«
»E Gedichtle?
Kannsch du nix Gscheiters?«
*

Ins Theater geh ich net.
Hab gnug Theater im Läbä.
*

Ich war emal im Theater.
Da hat er sie verfiehrt,
sie hat e Kind kriegt
un isch verrickt worde.
Der hats ene gsagt,
wies isch.
****

Hüpft ein Blatt,
goldbraun, von der Rotbuche
im Februarföhn
auf den Balkon gesegelt,
in mein Zimmer, als
ich ihm die Türe öffne:
lacht, betrachtet mich –
ich sehe mich selbst,
vergangen, noch lebendig,
Freudenbringer.

*

Leichtfüßig hüpft die
Rokokoorgel zwischen Himmel
und Erde hinauf – hinab,
Haydn wirbelt
die tänzerischen Töne
carezzageistig
in den verhüllenden Lauben
des Seelengartens.

*

Der Garten am Hang in England
ist leer, in dem wir lustwandelten,
vergilbte Blätter auf dem
verwilderten Rasen wirbeln im
warmen kanarischen Wind
an dein Fenster, hinter dem
wir lagerten in der Süße
der gemeinsamen Decke.
Aus dem Paradies wurden wir
vertrieben, nach dem Weltgesetz,
das ein Tyrann entwarf und
uns als Narren schuf –
die Schellen klingeln in der Nacht.

*

Til im Auguste-Viktoria-Krankenhaus, Berlin
--- März/April 2019

Hörst du dich, in deinen
Komaträumen, mit
zwölf Jahren Cembalo spielen?
Zu Gambe und Altflöte?
Oder hörst du dich, mit
sieben auf einer Waldwiese
im Elsass glücklich singen?
Bevor du den schweren Rucksack
deiner fünfundsechzig
abwirfst?

*

Jetzt bist du der echte
Froschkönig, der
aus der Verkleidung
strahlend heraustritt
vor seligen Kinderaugen.
*

Als Kafkas Käfer
fielst du von der Decke
in den Münchner Kammerspielen,
der Kampf begann.
Jetzt hast du das verlorene Ende
erreicht.
*

Du warst der ölige Stasioffizier
im Stadttheater Neubrandenburg,
in der nachfolgenden Diskussion
hielt man dich für echt.
*

In Ionescos »Jakob«
hetzt dich Roberte
mit der Peitsche
in die bürgerlich-tödliche Ehe –
die hast du gemieden,
aber der Tod holt dich ein.
*

Dein Werk waren die »Instant Acts
gegen Gewalt und Rassismus«,
jährlich von Rügen bis ins Südtirol,
in Meran flicht man dir Kränze.

*

Der helle Märzabend senkt sich auf uns,
träumst du dir die Angst aus der Seele
und fliegst ins göttliche Licht?

*

Aber ich, dein Vater, staune,
dass du schon vor mir ins Ziel schwebst –
ich stapfe dir langsam nach.

*

Vielleicht weckt dich ein Heiland
wie einst Lazarus auf,
das wäre ein Wunder.

*

Du kannst gar nicht zu deinem
irdischen Vater eingehen,
denn der sitzt da und weint,
weil du ihn verlässt,
er muss sich beeilen,
dir wieder nah zu sein.

*

Die Veilchen blühn, die Schlüsselblumen,
aber Schneeflöckchen und Krokus
sind schon verblüht,
wie du.

*

Berlin war Gartenwirtschaft am Abend,
wir redeten das Blaue vom Himmel herunter,
dorthin fährst du jetzt auf.

*

Jetzt bist du, mein lieber Sohn,
ganz unten auf der Talsohle
deines Lebens angelangt.
Wenn du dich in der Nacht erhebst
und die Flügel deiner Seele entfaltest,
lässt du deinen atemlosen Leib
der Erde zurück und
entschwindest ins Licht …
leb wohl…

*

Kein Schleck, den Sauerstoff
durch die Luftröhre in die Lunge
maschinenbeatmet zu bekommen,
bis das schwache Herz
genug gelitten hat.

*

Dein Blick zu mir
in deinem Leidensbett:
Vater, hilf!
Kanns nicht, geliebter Sohn,
habe dir Gutes gewünscht,
die Schmerzen nicht, die Angst nicht,
das Sterben nicht,
habe dir Glück gewünscht
und, wenigstens,
die ewige Seligkeit.

*

Die Ohnmacht der Liebe
an deinem Sterbebett:
du gehst nicht gern,
aber du musst,
ich kann dich nicht
verzaubern.

*

»C'est dur de mourir au printemps«,
sang Jacques Brel,
während die Kirsch-, Birn-, Apfelbäume
und der Schwarzdorn weiß blühn
in der Rheinebene,
die Sträucher, Büsche, Bäume grün,
der Schwarzwald sich
für den Sommer rüstet,
und du in die braune Erde sinkst,
fruchtbarer Dünger für die Zukunft –
»c'est dur de mourir au printemps.«

*

Was klagst du? Dir gehts doch gut.
Du rauchst deine Pfeife,
dein Sohn röchelt.
Du gehst unter grünen Bäumen,
dein Sohn liegt verkabelt.
Du atmest den Frühling in Berlin,
dein Sohn starrt stumm an die Decke.
Dir gehts doch gut,
dein Sohn erlischt.
*

Albtraum:
die schwarzen Schatten dreier Männer
huschen in die Wohnung, ich schreie:
alle Hausbewohner sollen helfen,
die Dunklen zu fangen und zu verbannen.
*

Ich überlasse dich,
atmungsverkabelter Sohn,
der leisen Hoffnung der Ärzte,
dem Mitgefühl deiner Brüder, Nichten, Neffen,
der Tante, die dich stets mittrug,
der Sorglichkeit deiner Mitarbeiter,
verlasse Berlin im April
und komme wieder im Mai,
wenn du blühst und auferstanden bist.
****

Mit siebzig flogst du, Onkel Walter,
noch einmal zurück über
den Teich der Auswanderer,
tippeltest durch deine Schwarzwaldheimat,
rauchtest eine Abschiedspfeife,
strecktest dich in deinem Pool in Tampa,
mit siebenundneunzig
wurde dein Leben zum Traum.
                    *

Zogen drei überflüssige Geschwister
nach dem verlorenen Krieg nach Amerika:
Hans nach New Vork, Friedel mit Fritz und
Fred nach Chicago, Walter nach Milwaukee,
Hans schleppte Kohlensäcke, Friedel
waltete als Hausdame in vornehmen Häusern,
Fritz fuhr Taxi, Walter spielte Fußball
und ließ sich zum Braumeister ausbilden,
Fred baute Flugzeuge in L.A.,
sie gediehen im Land
der unbegrenzten Möglichkeiten.
                    *

Leben meiner Mutter
Heimat war Bühl, Fallobst und
sieben Kinder der jungen Witwe,
mit Ross und Wagen verkauften sie Spitzen
auf Jahrmärkten in Baden, im Elsass,
Fabrik und Stellung die Zukunft, auswandern
geraten, zwei Kriege, zwei Hungersnöte,
der Himmel rot, nicht rosig,
Flucht und bescheidenes Alter in Basel.
*

Foltern, Quälen, Leiden: Werke
des bösen Gottes Ahriman.
Trösten, befriedigen, verweisen
auf ein herrliches Jenseits:
Hilflosigkeit des guten Gottes Ormuzd.
Hat Zarathustra nicht recht?
*

Halte beide Backen hin:
sie schlagen dich auf beide.
Renne davon, sie holen dich ein.
Wehre dich mit Fäusten,
sie erstechen dich mit Messern.
Verzeihe ihnen, sie lachen dich aus.
Dem Leiden entrinnst du nicht,
der Unruhe nicht, dem Tod nicht.
Hinterlasse dennoch eine Spur von Liebe.
*

Leben, lieben, leiden,
drei Zeitwörter vermengt
zum Brei, der uns nährt,
bis der Topf leer ist.

*

Erhebe dich aus Unbill
in den strahlenden Morgen
deiner inneren Welt,
das Dunkle bleibt unten.

*

Der Räumungswagen auf der Straße
füllt sich mit den Dingen
des vergangenen Alltags.
Die Nachbarin im Heim
braucht nur noch sich.
Das Haus ist leer.
Im Garten blüht dunkellila
der Flieder.

*

Erster Gartentag im April:
hellgrün, hellblau, der lila Flieder,
der rote Feuerbusch,
der goldene Forsyth,
die silbernen Knospen der
hundertjährigen Buche,
fernes Glockengeläut
im warmen Südwind:
stiller Griendonnerstag.

*

Frühjahrsmüdigkeit
unter dem hellen Ahorn
im sanften Fächelwind:
hinter geschlossenen Augen
wandern die Träume.
*

Die Gärten sind still:
die Menschen sind in
andere Zonen gereist.
Ich schaue der weißen Wolke
über dem Schwarzwald zu.
*

Schön ists, im Alter allein
im Garten zu träumen,
zu betrachten, was war,
was hätte sein können,
was möglich wäre,
so vieles hat Platz
in inneren Gefilden.
*

Der Kapitän war ich
auf dem Dampfer Deutschland,
der ging unter, ich rettete mich
auf einem Brett zu einer Insel,
dort baute ich ein Haus,
von dem aus ich sehnsüchtig
über das Meer Ausschau halte
nach dem Schiff, das einmal kommt
und mich trägt ins
Land des Glücks.

*

Der Mai ist da,
wie vor tausend Jahren,
neu und frisch und stark,
die Rotbuche glüht über dem grünen Ahorn,
die Rosen blühen an der Backsteinmauer,
schön beschnitten, unverwüstlich,
im Fächelwind spüre ich
die Lebenskraft der Erde.

*

Berlin Mai/Juni 2019

Ich schlummere mich
durch die sonnige Rheinebene,
oder: der ICE schlummert mich,
schlingert mich, ich träume
in tänzerischen Schwüngen
ewige Ankunft im Glück.

*

Die Ebene Brandenburgs erreicht,
ferne Dörfer, Wälder, Windräder,
Anfang der Unendlichkeit.

*

Von Hanau nach Kassel
mit der Schlingerbahn,
Jérôme, oh Jérôme,
dein ertanztes Land,
von deinem Geist durchweht.

*

Sieh zu, dass du mit der Kaffeetasse
in der Hand den Schlingerrhythmus
fugengerecht mitschwingst,
leicht findest du den Mund,
doch schwer ist der Schlürfer zuletzt.

*

Aus dem alten Stamm,
aus seiner rissigen Rinde
treiben grüne Zweige
in die lärmige Kaiser-
Wilhelm-Straße in Lankwitz,
umweht von meinem Pfeifenduft:
die Lebenskraft ist zäh.

*

Das elegante Fahrrad
mit der Kette sorgfältig
an die Stange geschlossen:
tüchtiges kleines
Frauenzimmerchen,
verkehrsgewohnt.

*

Die Wolken von morgen
sind im Südwesten aufgezogen,
der Regen rückt näher
in die sonnenwarme Mainacht,
ein kühlerer Wind bläst heran,
ein frischer Schlaf erwartet uns,
wir sind gerüstet.

*

Manche Frauen sind mir entgangen,
manche gegangen,
verbunden, verschwunden,
ich stehe da und winke,
gedenke, danke, schwanke
zwischen Sehnsucht und Freiheit,
manche mögen mich,
hegen, bewegen mich,
schauen mich an auf Distanz,
die Liebe dreht sich im Tanz.

*

Die Sonne liebt mich,
legt sich schlafen
im Dachstock des Hauses gegenüber,
zwischen uns der Abgrund der Straße,
bald umhüllt mich die einsame Nacht
mit der Ruhe des Vergessens,
die Zeit steht still.

*

Die Maisonne strahlt heiß
in den kalten Nordwest,
die Parallelen schneiden sich
in mir,
die Füße strecke ich auf den Boden,
die Hände erhebe ich in die Höhe:
Zusammenfall der Gegensätze,
harmonia entis.

*

Tafelfreuden
Zucker und Honig und Rote Grütze
sind zu süßem Vergnügen nütze,
Rosenkohl und Sauerkraut
sorgen für starke, geschmeidige Haut,
Rauke, Salat, Paradiesapfel,
steigen zum Himmel ein Stapfel,
dazu ein alkoholisches Gläschen,
beglückt sind Zunge, Gaumen und Näschen.

*

Im Kreise älterer fröhlicher Damen,
die freudig zum Speisen zusammenkamen,
sie erzählten erregt die Kreuz und die Quer
von Leiden und Schmerzen und aller Beschwer
und lachten und strahlten und schauten betrüblich,
ich lauschte ergriffen spitzbüblich.

*

Die Balkonpfeife wärmt die Hände,
der abendkühle Nordwest
trägt den Rauch über
die Kastanienwipfel der Borstellstraße
in das unendliche Blau.

*

Drinnen wartet das
beheizte Zimmer
auf die Lektüre
wies damals war,
in schweren Zeiten,
als die Künstler
sich in die Welt zerstreuten.

*

Die Maitrauben, die mir munden,
stammen aus Indien,
ich schlürfe
sonnengesüßten Monsunregen.

*

Die Pipe pafft in die plötzlich
heiße Junipracht,
die Vögel jubeln in den sinkenden Abend,
die Haut kühlt sich in zärtlichen Lüftchen,
die Nacht wird süß, der Traum
überstrahlt den Schlaf.
*

Die Junigewitter rollen prächtig umher,
ich betrachte sie mitten in Windwirbeln
auf dem Balkon, unberegnet.
*

Die Gewitterchen schwingen schüchtern
im entfernten Blau,
die dächerbewachsene Ebene
erscheint ihnen zu mächtig,
nur Mut, ihr jungen Wolkengrüppchen,
ihr seid doch schwarz und schwer!
*

Ein Abschied mehr von Berlin,
vom Ostbahnhof nach Interlaken-Ost,
ruhige Fahrt ist selten,
oft will eine Weiche nicht,
doch überwindet die Dentsche Bahn
die meisten Hindernisse souverän,
wenn auch höflich verspätet.
*

Farewell breakfast in the Ostbahnhof,
pancakes six-high, egg and bacon,
Anglo-Saxon morning dish,
keeps you alive and eager
to swallow the moving pictures
of the rolling day.

*

Brandenburg fliegt vorbei,
die Wälder brennen, die Burgen
sind schon lange abgebrannt,
der Boden, wie überall, blutgetränkt,
den Schlachtenlärm stellt man nach,
Fehrbellin, das waren noch Helden,
von Mann zu Mann ermordeten sie sich,
mit Trommeln und Trompeten,
der Wind bläst drüber hin.

****

Til im Helios Emil-von-Behring-Krankenhaus, Zehlendorf--- Mai/Juni 2019

Das Wunder ist geschehn.
Er sitzt, isst, redet, plant.
An der Paradiespforte
vorbei geflügelt.
Ärztekunst.

*

Helios Klinikum Emil von Behring
Die weißen Sonnengötter und die Emils,
unsere Ahnen haben sich durchgekämpft:
das Leben kehrt zurück, die Pläne reifen,
das Reden wirkt,
das Theater gedeiht.

****

Im Abenddunkel des Sommergartens
leuchten die Rosen rot,
die Pfeifenwölkchen steigen wohlgefällig
in den Gewitterhimmel auf,
inneres Reden erhellt,
der Schlaf lockt.

*

Manche Menschen leuchten auf,
wenn du ihnen begegnest,
du stehst im Licht der Freundlichkeit,
verlässt den Ort beschwingt.

*

Die linde Juniluft
verschiebt verklausulierte Gedanken
in den Hintergrund schwarzer Wolken
und lässt die weißen leuchten
über Rosen und Glockenblumen.

*

Friedlicher Abend
in der grünen Harmonie,
die den Kampf der Kreaturen
gegeneinander schön verdeckt,
der Garten erscheint im Gleichgewicht,
die Seele ruht aus.

*

Rückblick, was herrlich war,
was schmerzhaft, wie Samen
in die Erde gedrückt, aufgewachsen
zu Honig in Blüten,
verzehrt, verwelkend
in herbstlichen Farben,
wer begreifts?

*

Stimmen hinter den grünen Büschen
im erfrischenden späten Wind,
ein vergangener Sonntag im Juni,
Gespräch im Gedächtnis,
erfüllte Gegenwart.

*

Der Himmel noch hell
über dem dunkelnden Garten,
der Schlaf gleitet näher,
wird mich sanft umfangen.

*

Der Wind ist eingeschlafen.
Letztes Zwitschern, fernes Gebell,
grüne Stille.
Die Mühen des Tages, die Gespräche
angenehm bedenkend,
vor der sommerlichen Hitze
von morgen an.

*

Die nachbarlichen Katzen
schnuppern im Gras,
stapfen auf ihren Pfaden,
beachten mich nicht.

*

Das Leben ein Traum,
der Traum ein Leben,
noch einige Jahre,
beschauliches Dasein,
Reisen nach Fürth,
nach Berlin, die Heimat
ist innen lebendig.

*

Das Haus voller Bücher,
voller Bilder, voller Erinnerung,
lesen und schreiben und träumen
in die strahlende Unendlichkeit.

*

Die Sommer werden heißer,
nähern sich die Tropen?
Sie waren schon einmal da:
im Blauen Letten findest du
Lanzettfischchen und Palmwedel,
siehst du schon die Palmen wachsen?

*

Nachts streichelt dich
die warme Luft sanft
über die wache Haut,
die tags deine Kräfte fordert.

*

Melodisch schwer läuten
die Abendglocken von St. Paulus,
ein feste Burg, einst errichtet
im Villenviertel,
nun danket alle Gott,
für unsern Reichtum,
vor dem dreißigjährigen Krieg
des 20. Jahrhunderts,
nächstes Jahr wird der Bau
vermietet an weltliche
Freudenbringer –
die Gemeinde hat sich verlaufen.

*

Vertrackter Computer,
führst mich in die Irre,
aber ich tu einen Schnaufer
und habe einen Riecher
und finde den Weg aus dem Dickicht,
betrachte die wellige Ebene,
schreite leicht voran –
eine Zeitlang.
*

Im Garten seh ich dich spielen,
Schwesterchen, mit Eimerchen,
Schäufelchen, Sand und Wasser,
die Puppe mit den Kulleraugen
fütterst du, sie bekommt,
was ihr schmeckt.
Abends bist du hungrig, du
bekommst, was dir schmeckt.
*

Der Sommerabend wischt mit
nassen Lappen den Himmel
blank und blau,
in den Straßen der Stadt brütet
die Hitze des Tages,
im Garten schmeichelt ein kühler Wind
die Haut und die Weltgeschichte,
die sich darunter verbirgt.
*

Ursprung und Ziel des Weltalls?
In sich geschlossen, Ausdehnung
und Zusammenfall, ewig?
Und wir Kleinen, aus dem Nichts,
und doch die Welt unter der Haut,
ausgelöscht wieder ins Nichts?
Mit aller Hoffnung, Sehnsucht, Eigenheit
verschwindend?
*

Wissen: wenig. Träumen: alles.
Du gehst ins Paradies, mit Dante:
ein ewig Freudenfest, Tanz in Ellipsen,
ins Licht und tiefer ins Licht,
vollkommen und vollkommener,
glücklich und glücklicher,
liebend und liebender:
selig.
*

Waltershofener Gespräche--- 19. Juli 2019

Die Waltershofener Sieben
führen Gespräche im Sommergarten
über die Probleme unserer Zeit,
die kleinen des Alltags,
die großen des Schicksals,
die unendlichen: ausgedacht,
unbegreiflich.
*

Emsig schaffet der Hausherr, er schneidet und rührt und erhitzet,
bald erscheint die Schar freudiger Gäste am Tisch.
*

Im Waltershofener Paradiesgarten
wachsen von jeder Art aus der Arche Noäh
die schönsten Blätter und Blüten,
die Äpfel hängen einem vom schattigen
Baum ins Maul und die Spatzen
schwirren ermunternd in den Zweigen:
greif zu, siehe, es ist alles gut.
****

Im ICE
Schrille Urlaute prallen Gelächters
ländlicher Art, ohrenbetäubend:
»Heirate doch einen reichen Mann,
lieben kannst du links und rechts,
doch der Verstand heiratet das Geld,
Sicherheit und Luxus gewährt.«
*

Wir staunen von unten, wie der Wind
in der Buchenkrone wirbelt, die Blätter
da oben tanzen erfrischt und der Glanz
des Kaisers fällt auf uns Schwitzende,
unsere Mühsal erhellend.
*

Die Hitze des Tages strömt in die Nacht,
du liegst ausgebreitet und träumst
vom Paradies, bis die Kühle des Morgens
dich weckt: noch zwei Stunden Schlaf
sind dir geschenkt.

*

Summer's heat and winter's cold,
but the temperature of my body
always remains the same,
undisturbed.

*

Im Gehäuse des Glaubens
bist du geborgen,
gefeit gegen die Unbill der Zeiten,
die Machenschaften Ahrimans,
den Turm der Wissenschaft baust du
darüber, erforschst Ursache
und Wirkung, den Zielpunkt Omega:
der Mensch wird vollkommen und ewig.

*

Berlin August/September 2019

Nach Spandau fährt der ICE langsam
durch einen Wald. Der heißt Berlin.
Spät erst wachsen Häuser aus dem
Boden, der Wald wird zu
grünen Achsen. Hinter dem Ostbahnhof
verwandelt er sich in einen Park.
Die Stadt ist auf Land und Wasser
in den Wald gestellt.
*

Der Westhimmel leuchtet golden.
Darüber grün, darüber blau.
In der Ferne hängen die roten Lampen
des Kraftwerks Lichterfelde.
Der silberne Mond lässt auf sich warten.
*

Eine schwarze Wolke hängt
über Steglitz, tröpfelt zehn Minuten,
braucht noch Wasser für Marzahn
und die Wälder dahinter,
fällt zuletzt in die Oder,
was die Ostsee erfreut.
*

August 2019
Ohne Ende Hitze,
Hitze ohne Ende,
in der Ferne Blitze,
keine Wetterwende,
trinke Wein, den kühlen,
wirst dich schläfrig fühlen,
wenn du nackicht streckst dich,
bis der Morgen weckt dich,
kühl dem neuen Tage
zugetan, ertrage
Sonne pur zur Gänze,
gähne, geh und glänze.

*

Maleronkel Carl schaut als Porträt
von 1936
in Steglitz von der Wand,
leicht sorgenvoll, nicht ahnend,
dass er, ohne Krieg die Lösung meidend,
staatenlos in Schweizer Alpen
Steinstraßen baute,
während sein Bruder Emil in Lagern
geflohenen russischen Kriegsgefangenen
dolmetschend sich über Wasser hielt,
dem blauen Wasser des
Vierwaldstätter Sees.

*

Der schwarze Schlotfeger
auf dem Dachfirst gegenüber
trinkt einen Schluck Wasser
vor dem bleigrauen Himmel
und schließt die Luke wieder
von innen: genug für heute.

*

Türkisches Café, vegetarisch,
Gemüse gut gewürzt, starker Tee,
daneben die Markuskirche, halb zwei,
manche Eltern holen ihre Kinder ab,
die ihnen zwei Blätter zeigen:
ein nackter Mann, eine nackte Frau,
Sexualkunde, seid ihr so?
Die Selbständigen trinken süße Limonade,
keine Eile, Abendbrot um sieben,
Schlüssel klimpern, Aufgaben keine,
fröhliches Plaudern,
der Tag ist noch lang.

*

Der Wind bläst kühl
von der Nordsee her,
fegt die Hitze weg,
raucht mir die Pfeife leer,
das Balkonschiff
fährt frisch dahin.

*

Die Grappa nach dem
orientalischen Essen
im Thujagarten
zwischen hohen Häusern
unter blauem Weihenstephanschirm,
»Ursprung des Bieres«,
mit Pfeife und Kaffee
am letzten Sommernachmittag
anfangs September in Südende
trinkt sich wie griechischer Nektar.

*

Die Nächte erträume ich dich,
am Tag werfe ich Worte in den Wind,
vielleicht fängst du sie auf.

*

Die Pfeife rauche ich in den Wind,
der bläst den Rauch von Norden nach Süden,
wenn du schnupperst,
kannst du ihn riechen.

*

Der Abendhimmel: blaugrau, rot,
apfelsinen, gelb, grün, blau, weiß,
darüber unbeirrt der Sichelmond,
damals die Gletscher, die Sümpfe,
die Wälder, Einwanderer aus Afrika,
aus Asien, Stammesgötter, mit ihren
Völkern verschwunden, die Slawen,
die Germanen, die Mongolen,
die neuen Kriegerhorden,
und immer die Sesshaften, die Kinder,
die Überlebenden, die immer älter werden,
erbauen Wiesen, Felder, Städte,
verdichtetes Wohnen, global, digital,
darüber immer der Sichelmond,
wie heute Abend anfangs September.

****

Ero triste perché un catarro
non voleva che viaggiassi a Bergamo
colle donne celesti, invece, povero me,
debevo stare a casa stanco e melanconico,
ma nell' anima crescono i sogni
e ad un tratto ascoltavo
la musica divina di Marco Uccellini
nella sua aria sopra la bergamasca
che ci fa danzare
nella felicità eterna!
Ah, che gioia!

*

Traurig war ich, weil ein Katarrh
nicht wollte, dass ich nach Bergamo reiste
mit den himmlischen Frauen, stattdessen musste ich Ärmster
zuhause bleiben, müde und melancholisch,
aber in der Seele wachsen die Träume
und auf einmal lauschte ich der
göttlichen Musik von Marco Uccellini
in seiner aria sopra la bergamascca,
die uns tanzen lässt
in der ewigen Glückseligkeit!
Ah, welche Freude!

*

Der Sommertag im Oktober
lässt die Pfeife glühn,
die Fuchsien haben ihre höchste
Pracht erreicht, die Jerusalemkirschen
leuchten ausgebreitet,
bräunlicher Schimmer im Gartengrün,
luftstille Zeit, sich vorzubereiten,
die Hülle abzuwerfen,
nur das Astgerippe wird überleben.

*

Die mediterrane Luft
hat sich über den Garten gelegt,
wir träumen im Glück des Augenblicks,
der Seelengarten leuchtet,
die Zeit ist angehalten.

*

Während der feuchte Herbstnebel
um die beheizten Fenster streift,
zieht dahinter der Klassiksender
den Himmel auf die Erde
und träufelt die seligen Klänge
in erträglichen Dosen in die Seele,
die sich ausdehnt
in die grenzenlose Unendlichkeit.

*

Hinter den grauen Nebelschwaden
leuchtet die Sonne golden –
ich weiß es – wie unter der
im Gras versenkten Urne
die Ewigkeit strahlt –
ich glaube es.

*

Die du mich einst umarmtest,
eine kurze Erdenzeit,
hast einen Ort in mir gefunden,
in der Laube hinter Rosen
in meinem Seelengarten, lächelnd.

*

Ersehnt und unerreicht
schwebst du tanzend
über dem Seerosenteich
in meinem Innern,
barfüßig.

*

Von dir blieb mir ein Bild:
deine kleinen Füße beim Tanzen,
wie du sie hobst und senktest,
rasch und bestimmt, unwiderstehlich,
verdrehtest vielen den Kopf,
warst Hinkel über Gockeln,
dein Geist jedoch weilte unberührt
in philosophischen Höhen.

*

In der schläfrigen Dämmerstunde
ziehen sie alle vorbei, die mich einst
als Schlingpflanzen umwucherten,
mit Mühe gelang es mir, ins
klare Wasser zu schwimmen und
das Ufer des Alters unbeschadet
zu erreichen, dennoch dankbar
für euer Wohlwollen.

*

Oskar
Sternschnuppe
jemand liebt dich
du verglühst
in uns glimmt
von dir ein Fünklein.

*

Fürth/Nürnberg--- November 2019

Rauschgoldengelchristkindeljungfrau:
Nürnberg, die Weihnachtsstadt,
alle Sprachen der Welt im Gedränge
zum verstärkten Kinderchor zu hören,
»Stille Nacht« dröhnt über den Marktplatz,
in alle Fernsehzimmer laut gequäkt,
die Menschen wollen sentimental
erlöst sein zu ewiger Seligkeit.
*

Deutsche Bahnfreuden
Schöne Speisekarte, reiche Auswahl,
hamm wa nich, hamm wa nich,
Errungenschaft der DDR übernommen,
doch fusilli bolognese gibts
in essbarer Schüssel,
200 km zwischen Frankfurt und Mannheim,
die Nudeln fliegen im Schlingerschütteln,
ich schnappe links, die Nudel saust rechts,
ich schnappe rechts, die Nudel
setzt sich mir aufs Haupt,
Nudelakrobatik will gelernt sein.
*

Fahrt von Nürnberg nach Basel
Verspätung wegen Weichenstörung,
nachts herrschte Kälte ein Grad unter Null,
in Würzburg technische Störung,
wo finden wir am Sonntag einen
Einspringfachmann?
Geglückt, Streckenhalt bei Hanau,
wir sind unvorhergesehen,
umsteigen in Frankfurt,
keine Platzreservation wegen
technischer Störung, also
gleiches Recht für alle.
Immerhin erreicht der Zug noch Basel,
bevor er ganz den Geist aufgibt.
Wer weiter will, steigt um zur SBB.
＊＊＊＊＊＊＊＊＊＊＊＊＊

Tod und Leben
in eins geschlungen
der Knoten unlösbar
perlmuttern
nach innen rieselnd
＊

Der schwarze Dezemberrabe
auf dem schwarzen Ast der
entblätterten Rotbuche
sinnt, was er zum Essen suchen sollte,
wie die Eilenden in den Straßen
auf der Suche nach was ihnen schmeckt,
und hinter der warmen Fensterscheibe
sinne ich, was das alles soll.
*

Silvester in Berlin,
vom RBB-Dachgarten Aussicht
auf die beherrschten Feuerstöße,
Sänger vor dem Brandenburger Tor,
Tanz in Clärchens Ballhaus,
Sternentanz im klaren Nachthimmel –
dank dem Fernseher im warmen Zimmer.
*

The end of the year
with a little sunshine, a little rain,
a few white wet flakes,
2019 one of many, how many?
Armstrong still sings: it's a wonderful world,
if we make it wonderful,
some with an imaginary god in their souls,
some with a loving partner all around,
sometimes up and sometimes down
in everyday regularity,
a flash of divine ecstasy now and then
from birth to death.
*

2020

Das Neue Jahr,
frisch, knusprig,
aus dem Ofen gehüpft,
beiß fröhlich hinein,
sind Rosinen drin.

*

Der goldene Ligusterbusch,
hoch gewachsen,
ragt in den Januar hinein,
kündet künftiges Glück
im Seelengarten.

*

Ich muss dich zurechtschneiden,
Spireenbusch,
du drückst mir ja die Scheiben ein.
Liebe darf nicht bedrängen,
durchdrungen vom Glanz des andern,
frei im Hellen und im Dunklen.

*

Der TGV gleitet nach Zürich,
die SBB schwebt an der Goldküste,
aber der ICE nach Basel
holpert und poltert und schaukelt
und gaukelt und ruckelt und zuckelt
und macht das Fahren vergnüglich.

*

Auf diesem Stuhl saß er und dachte,
mit dem Pinsel malte er sachte,
mischte die Farben und brachte
sein Werk zur Vollendung und machte
das Leben bunt und lachte –
all das, Besucher, beachte.

*

Die brüchig gewordene Birke
im grünflimmernden Gewand
gefällt.
Mannshoch steht noch der starke Stamm,
umschlungen von Rosen, verwundert,
träumt sich ins himmlische Blau.

*

Die Kletterrosen an der Hauswand,
vom lichten Birkenschatten befreit,
gedeihen prächtig an der Sonne.
Auch ihr werdet welken, einst,
leuchtende Kelche der klugen Jungfraun.

*

Heuer kommt der April
in den Februar gestolpert,
beregnet, besonnt die Blüten
des Frühlings im Garten,
aus schwarzhängenden Wolken
im hellen Blau.

*

Der blaue Frühling lacht
zwischen den kahlen Buchenästen:
da staunt ihr, ich habe euch
überholt, ich bin schon da.

*

Bist ein evolutionäres
Ameismenschlein,
erzeugt aus Milieu und Vererbung,
selbständig vorherbestimmt
nach Maßen, hast dein Ziel erreicht:
aufgelöst in Raum und Zeit,
Spuren bleiben.

*

In angulo cum libro
in der Klause versunken
denkend, träumend, fühlend,
der Freund erscheint aus dem Jenseits:
wie ists? Aequaliter aut aliter,
gleich oder anders?
Totaliter aliter, ganz anders,
nicht vorstellbar.

*

Bist Teil des Ganzen:
aus einer Zelle ein Menschenleben,
zerfallend schaust du in den Morgen
zurück, die Nacht vor Augen,
freudig: du brauchst nichts mehr.

*

Wo seid ihr alle,
Gestalten meines Lebens?
verstorben, noch sehnsuchtsvoll?
Ihr lebt in mir, wie ihr wart,
bis ich nicht mehr bin,
zu Staub geworden,
wir alle.

*

Die rote Buche, hundertjährig,
in vollem Ornat, schon im April,
Kyffhäuser-Sehnsucht
nach der Einigkeit der Völker,
die nie kommt,
Eigennutz geht vor Gemeinnutz.

*

Die Pracht der Rosen
an der Backsteinmauer
im warmen April,
Sommer schon?
wann wachsen die Palmen?

*

Die Junisonne rollt durch den April,
der lacht von A bis O,
die Rosen blühn, die Gärten sprießen,
fröhliche Menschen plaudern:
das Paradies ist nah.

*

Dürre und Waldbrandgefahr
im Frühling, die Wasser versiegen,
ein paar Gewitter genügen
den reifenden Kirschen.

*

Corona--- (ab März 2020)

Europa im Eimer,
die Grenzen geschlossen,
wir sind wir,
ihr bleibt draußen.

*

Bleibet zuhause,
ihr Alten ab sechzig,
euretwegen haben wir
den Coronaschlamassel.

*

Das neue Gesetz:
waschet die Hände in Unschuld,
vorher wart ihr Schmutzfinken,
jetzt aber habt ihr das ewige Leben.

*

Im April 2020
stehn Schweizer Wehrmänner
mit geladenem Sturmgewehr
an der grünen Grenze zum Elsass,
bewachen Schleichwege in den Wäldern,
damit nicht etwa feindliche
Coronaviren sich heimlich einschlichen.
*

Du musst, du darfst nicht,
wird vorgeschrieben
im Notrecht, die Regierung
lässt ihrer nicht spotten,
das biblische Zeitalter
kommt zurück, das Volk gehorcht
in Angst und Schrecken:
Kehret um, zahlt Buße.
*

Wie hübsch doch,
die modischen
Schutzengelmasken
über Nase und Mund:
der öffentliche Verkehr
wird farbig.
*

Wer lockert den Abstand
abends in Bars und Kaschemmen?
Die Aufmüpfigen sinds,
sie wissen nicht, was sie tun,
aber sie tuns mit Freuden.
****

Die weiße Wolke über dem Schwarzwald
leuchtet durch den grünen Garten,
der Liguster blüht und duftet,
Rosen und Röschen freuen sich
in der hellen Sonne:
der Maisommer steigt
am Himmelfahrtstag
in unbegreifliche Höhen.
*

Himmelsfahrer Elias,
Herakles und Jeschuha,
und wir alle,
nach dem irdischen Tod,
fliegen uns frei.
*

Von den Toten
wissen wir, was war,
von dem, was ist,
gibt es nichts zu wissen,
denn es ist nichts mehr.
*

Unsterblich glauben wir zu sein,
das gibt dem Tod Trost
und Sinn und Glanz und Glück.
*

Die Bilder der Toten
an meinen Wänden betrachte ich,
spare einen Platz dazwischen aus
für mein Bild.
*

Die Rosen blühen an der Backsteinwand
im Sommergarten des »Kleinen Jerusalem«,
das so alt ist wie ich,
einmal vergehen wir beide.
*

Der Garten ist zurecht geschnitten,
morgen wird gewaschen,
die Vorräte sind aufgefüllt,
abends wird geruht mit Pfeife und Wein,
das kleine Leben ist in Ordnung.
*

Föhnsturm braust durch den
späten Sommerabendgarten,
Ligusterdüfte wehen zu mir her
im Tausch mit englischem Pfeifentabak,
Stimmen hinter den rauschenden Zweigen
steigen in den graublauen Himmel,
und vor mir tanzen die noch grünen
Hortensienköpfe ihre fröhliche Jugend.
*

Als wir klein waren,
wollten wir groß werden,
als wir groß waren,
wollten wir größer werden,
nun breiten wir die Arme aus
ins Grenzenlose.

*

Austausch von Gedanken,
von Gefühlen,
wir ergänzen uns,
wir sind uns einig,
im Gleichgewicht des Seins.

*

Ens ab alio, ens a se,
wir sind Geschöpf, endlich,
das Leben stammt aus sich selbst,
göttlich.

*

Ein langer Juniabend,
wie so viele vorher,
einige noch für mich,
hinter Wolken Blau.

*

Hast du den Sinn des Lebens erfasst,
Freund der Weisheit?
Tausendfältig,
und immer neu.

*

Weisheit wurde mir eingeträufelt,
süß auf der Zunge,
ich teilte sie mit Löffeln aus,
den Bewohnern der süßbitteren Insel.

*

Wir wissen wenig,
aber wir glauben.
In weiten Sprüngen
setzen wir über die Mauern.

*

Das Heilige Römische Reich deutscher Nation
war mein Kindheitstraum.
Ich wuchs in ein Europa,
das sich zusammenfindet.

*

Das Nachtlicht ist angegangen,
der Tag ist entschwunden,
Träume erfüllen die Seele
unter den müden Lidern.

*

Der Nordost dreht auf
Südwest, wird feucht, wird heiß,
der umsichtige Vater wechselt
zur umhüllenden Mutter,
so mischen sich Ansporn
und Geborgenheit.

*

Der Rauch der Abendpfeife
klettert an der Thujahecke
zum hohen Himmel hinauf,
schon ist er vermengt mit dem
Gartenduft und entschwindet
im Unfassbaren.

*

Wertvoll das Gespräch
mit klugen Menschen,
übersteigt die eigenen Zäune
in die offenen Felder.

*

Willkommen ein Schluck
kühlen Wassers auf der Terrasse
des sommergrünen Gartens
im Angesicht der rosaroten
Hortensien in ihrer
blühenden Jugend.

*

Erfreulich ein neues Tischtuch
für den Kaffee im Garten,
sorgsam genäht von kundiger Hand,
zwischen den Streifenzeilen
flüstern geheime Worte.

*

Eingeweiht das neue Tischtuch
mit einem großen Kaffeefleck
aus der übervollen Kanne
des eifrigen Sohnes:
er meint es gut mit mir.

*

Der Abend ist lang im Juni,
die Schatten steigen aus den Büschen,
die Farben der Blumen verdämmern,
aber der Himmel über der Stadt
bleibt hell.

*

Die Kinder gehen früh zu Bett,
die Eltern haben ihren ruhigen Abend,
»er schläft«, sagt die Mutter,
doch der Junge rast mit den
andern Kindern auf der Straße umher
und spät klettert er mit schwarzen Füßen
wieder zum Fenster hinein.

*

Die Tage, die waren, die kommen,
durchliebt, durchhofft, durchlitten,
aneinander gereiht, Bernsteinkette,
um den Hals gelegt, kühl und warm
auf der Haut erfühlt.

*

Das Gespräch der Gleichalten,
was war, was wird,
noch denken wir und reden,
zusammengerückt.

*

Täglich ziehe ich
ein Kalenderblatt ab,
lese die Sprüche
in dreierlei Sprachen,
rasch schwinden die Tage,
das Jahr, das Leben,
wie im Herbst die Blätter
der hundertjährigen Buche.

*

Unzählige Gedichte gelesen,
ein Bleistiftkreuzchen
am Rand angebracht,
derer, die mir gefallen,
würden, zusammen gesammelt,
viele Bände füllen,
ein Reichtum
kurzer Sprachgebilde,
aus Seele und Verstand.

*

Der volle Mond steigt
über den First der Häuserzeile
hinter den Büschen erst
eine Stunde später auf und legt
sein mildes Licht über das Land.
Ich träume: bin auf dem Pfad
zum PARADIES, so stehts
mit ungelenken Buchstaben
auf dem hölzernen Wegweiser:
noch ein Höhenzug und das Ziel ist erreicht:
der Traum zu Ende, ich bin nicht mehr,
ich war.

*

Keck leuchtet die Rose
mir durch das Fenster herein:
drinnen verweilst du emsig
unter zehntausend Büchern,
draußen aber sprudeln Leben
und Liebe, tanzen und springen –
sie lockt mich, die Unergründliche,
schaukelnd im Wind.

*

Ein böiger Nordwest kühlt
die Hitze herunter, darüber
ziehen verfranste Wolken
aus Südwest, über den Bergen
donnern die Gewitter, aber
in der Ebene atmen wir nur
den feuchten Geruch.
Morgen, mein Lieber, spielst
du den Regengott am Schlauch.

*

Zärtlich umspielt mich
der kühle Abendwind
nach dem Hitzetag unter
den schweren Wolken, die
sich an die Waldberge schmiegen.

*

Aus meiner Pfeife
steigt der Rauch
wohlgefällig empor
und löst sich auf
wie der Allgütige
darüber.

*

Als wir Unrecht litten,
hast du uns nicht geholfen.
Du kannst uns nicht hören, ich weiß,
weil du nicht bist.

*

Mein innerer Freund
gibt mir guten Rat,
weist mich zurecht,
macht mich stark
und tröstet mich.

*

»Kühl ist der Abendhauch«,
ja, Matthias, auch wenn
die warmen Winde von Marseille
durch die Burgunder Pforte
nach Mülhausen, Freiburg, Basel strömen,
schickst du uns mitten im Juli
einen Gruß von Wandsbek her.

*

Lange Sommerabenddämmerung,
feuchte schwere Schwüle,
luftiges Pfeifenrauchgekräusel,
schwach leuchtend die vollen Hortensien,
der Garten versinkt in leichten Schlaf,
die Träume schweben vom Himmel herab,
beleben leise die innere Welt.

*

Nun sind wir am Klassentreffen
mittwochs Mittag noch vier,
die Auserwählten im
zehnten Jahrzehnt, fröhlich
plaudernd, eine kurze Weile:
ah, es geht uns gut.

*

Am Abend plaudere ich mit mir selber
hinter Wandelröschen und Fuchsien,
inmitten grüner Bäume, Büsche, Hecken,
über dies und das, und wie das Leben
schön sein kann und ruhig am Abend.

*

Noch bleibt die Krone des Lebens zu erringen,
nach allem, was du in langer Zeit
erlebt, erlitten, überwunden,
dann sprichst du, Schöpfer deines
inneren Paradieses: siehe, es war gut.

*

Manches gelang, manches missriet,
Schuld und Güte im Gleichgewicht,
die Waage neigt sich zur Gnade.

*

Immer noch steigt der Rauch
aus der Pfeife gerade auf,
es freut mich die Anerkennung
des Himmels, der Menschen, der Kinder
im Einklang des Seins.

*

Schöner Juliabend: der Garten
ist besprengt, die Luft umschmeichelt
zärtlich die Haut, die grünen Blätter
der Bäume erwarten die Nacht.

*

Heiß und kein Regen, kein Regen und heiß,
Gewitter von ferne zu uns her, wer weiß,
es bleibt wohl so trocken, so trocken bleibts,
das Wetter wird tropisch, und Walter beschreibts.

*

Die Kinder sind munter, sie lieben die Hitze,
sie spielen bis in den wabernden Abend,
ihre Stimmchen füllen die Sommergärten
mit freudigem Tanz melodiös.

*

Der späte Himmel schimmert
zwischen den Ästen hindurch,
später leuchtet Venus
von Ost nach West
und erfüllt die Nacht
mit Zärtlichkeit.

*

Wenn niemand neben mir liegt,
dann schwebt die leuchtende Venus
herein und schenkt mir
glückliche Träume.

*

Das Tagwerk ist getan
trotz Hitze, Tod und Teufel,
in der Stille des Gartens
leuchten die üppigen Fuchsien
rot durch die Nacht.

*

In der warmen Nacht
umfängt mich der sanfte Schlaf:
ich bin geborgen.

*

Weiß reckt ihr eure Köpfe
in den Wind der Zeiten,
alte Hortensien,
einst rosarot,
vom früheren Bewohner
aus seinem Elternhaus
bewahrend eingepflanzt,
von mir gehegt, geliebt,
dem Nachfolger übergeben,
im Einklang des Seins.

*

Die reifen Jerusalem-Kirschen,
apfelsinenfarben
im lebensgrünen Busch,
mahnen an die zwölf Tore
der Stadt auf dem Berge,
wo alle Völker zusammenkommen,
einst, in ewigem Frieden.

*

Leidenschaft
Himmel auf Erden,
langsame Landung
auf der Ebene,
Sumpf und Geröll,
Beerdigung,
Trauer.
*

Hürdenlauf:
Schule, Studium, Doctor,
Pflicht und Verantwortung,
Tabakgewölk im Garten,
Venus am Abend,
Mond in der Nacht,
Sonnenaufgang: ein Wunder.
*

Hitzegewitter über dem Schwarzwald,
dort wachsen die Pfifferlinge der Kindheit,
der Garten seufzt mit mir,
wir warten vergeblich auf Regen.
*

Die Fransen der Gewitterdecke
schaukeln ironisch über den Wipfeln
der Gartenbäume: ihr habt noch genug,
die Wälder empfangen unsere Fracht.
*

Mit leuchtenden Frauen getanzt,
mit lachenden Männern getrunken,
zsammengeschwemmt,
auseinander gedriftet,
die Sandbänke der Abendküste
sind leer, sanft plätschern
die Wellen auf und nieder.

*

Ein Dutzend Gäste am Gartenfest,
der Grill glüht in der alten Feuerstelle,
vegan, vegetarisch, natürlich,
Wasser und Bier und Wein,
Lampione schimmern im Gebüsch,
das Gespräch fließt fröhlich,
der eine weiß dies, der andere das,
man fragt, man erklärt,
beim Abschied tröpfeln die Worte aus.

*

Wie machst du im Elsass Mayonnaise?
Ins Glas Ei, Öl, Salz, Pfeffer, Zitrone,
kaltgestellt, der Stabmixer schwingts:
c'est infaillible.

*

Es dämmert, es dunkelt,
ausgeregnete Wolken
kommen vom Mittelmeer,
luftig und leicht.

*

Die Virologen widersprechen sich
hinter vorgeschriebenen Masken,
die Gesichter gleichen sich,
dumpf poltern die Worte.

*

Den Abendrauch blase ich den
Windwolken über der Rotbuche zu,
aus dem gesprengten Garten steigt
feuchte Hitze auf:
es ist wahrhaft Sommer.

*

Grüßt mich ein Mann aus Amerika
überraschend mit einem E-Mail,
einst College-Student, ich war sein Prof,
fand meine Anschrift im Internet:
völkerverbindendes Medium,
wir korrespondieren erfreut.

*

Setz dich nachts an den Rechner,
schicke ein paar Zeilen in die
nahe und die weite Welt:
Freudenbringer.

*

Kommt mir entgegen am Gehwagen
die einstige Buchhändlerin,
sie kann nicht mehr lesen, aber
sie kann hören, und mich
erkennt sie am Gang.

*

Frische Abendluft trägt den
Pfeifenrauch in die Thujahecke,
ich lebe auf.

*

Die Nachbarn haben sich
in ihren Höhlen verschanzt,
ich lasse meine Haut von
sanften Nachtlüftchen umschmeicheln,
höre den Glockenschlag vom Paulusturm.

*

So viel Gegenwart im
Bilderbuch des Lebens:
erstaunliche Vielfalt.

*

Wieder versinkt ein Tag
in die Erinnerung,
leuchtend wie das Fenster
gegenüber.

*

Die Pfeife erlischt,
die Nacht umhegt mich,
ich lege mich
in erholsamen Schlaf.

*

»Aus der Zeit gefallen«:
säße auf einem Felsblock
über dem Welschensee,
den sieben Kurfürsten gegenüber,
schroff und wild versteinert,
das römische Quinten auf dem Schuttkegel,
dächte eine Ewigkeit zurück
in den dunklen Anfang,
schaute eine Ewigkeit voraus
in das helle Nichts.
            *

Reden ist Silber,
stehe ich nachts auf,
malt mir der Mond
meine Füße silbern,
Schweigen ist Gold,
schweres, kühles Gold,
hinter Panzer verwahrt.
            *

Dünger soll ich werden
in einer Frühlingswiese
für die Kinder.
Die Seele aber
verflattert im Wind.
            *

Noch stapfe ich dem
verwitterten Wegweiser nach:
ZUM PARADIES.
Bis zur Kuppe, dann
habe ichs erreicht.

*

Mehr ists nicht,
ein Wort nur: du.
Dann ist alles gesagt.

*

Im Traum sind wir uns begegnet,
haben uns nicht erkannt,
seit Jahrzehnten getrennt,
hinterher wussten wir:
wir haben uns verpasst,
ein- für allemal.

*

Nach dem Tod,
unvorstellbar:
ich denke nicht mehr,
also bin ich nicht mehr.

*

Vor Jahrzehnten saß ich am Rhein,
schaute den Lastkähnen zu,
die sich mühten, stromauf,
pflichtgemäß löschten sie
ihre Ladung im Hafen,
trieben erleichtert stromab,
zum fernen Delta,
wo er sich auflöst im Meer.

*

Vom Karlsteg schaute ich
in die mäandernde Pegnitz,
die fließt in die Regnitz,
die in den Main,
der in den Rhein,
der in die Unendlichkeit,
mein vorgezeichneter Weg.

*

Berlin--- August/September 2020

Durch das hessische Hügelland,
wohlgepflegte Wiesenwälder,
saubere Ortschaften, angereichert
nach Kants praktischer Vernunft,
das Land zerschnitten durch technisch-
kühle Riesenräder, die
dürftigen Strom den eckigen Denkern
befriedigend liefern. Die Poeten
schweben als selige Geister in den
Wolken darüber, die seit Jahrtausenden
sich unverändert ändern, von
Wind und Wasser spielend erhoben.

*

Die Kastanienbäume an der Borstellstraße
finde ich vertrocknet vor,
das braune Laub raschelt auf dem Gehsteig
im August.

*

Die jungen Männer im Bus
tragen die Coronamaske unterm Kinn,
virusschwanger.

*

Hinter roten Geranien
vor dem «Zagreb»
an der Heinrich-Seidel-Straße,
Halle des Anhalter Bahnhofs
für die staunenden Reisenden
in alle Richtungen
und von überall her, damals,
Gartenlaube, das vergnügte Fest
der Armen und Einfachen,
Untergang und Auferstehung
in andere Zeiten
wischten ihn weg.

*

Rote Abendwolken
unter grauem Himmel:
letzter Sonnengruß
des scheidenden Sommers.

*

Ich bin der Wespenvater.
Sie krabbeln auf meiner Tasse,
genießen den Fingerschweiß am Henkel,
den Kaffee versuchen sie,
der Pfeifenrauch schert sie nicht,
die eine sagts der andern:
auf dem Henkel schmeckts.

*

Die Bogen des Jugendstil-Krankenhauses
wachsen über die geschwungene Fassade
in die schwarzweißen Gewitterwolken
am sehnsuchtsblauen Himmel.

*

»Mamma Rosa«, Steglitzer Damm
Ah, gli Italiani a Berlino,
vitello tonnato, insalata mista,
penne bolognese, chianti naturalmente,
buon giorno, fa fresco oggi,
un po più di grana?
Voglia una grappa?
Grazie tanto, kommen Sie wieder,
arrivederci.

*

Der Wind kommt von den Wolken herab,
treibt das Balkonboot
böig vor sich her,
das Markisensegel flattert fröhlich,
das eingeflossene Nachtwasser
trocknet unter Sonnenstrahlen ab,
aus dem Pfeifenkamin ringelt sich
englischer Rauch zwischen
die wirbelnden Luftwellen:
Septemberfrische.

*

Ecke Heinrich-Seidel / Karl-Stieler
trinken wir türkischen Tee
zu Zaziki,
ein literarischer Schmaus
unter vergessenen Dichtern.

*

Am Markuskirchplatz
umkreisen mich freundliche Wespen,
kitzeln mich zärtlich am Arm
und saugen das Ihre.

*

Die Wolkengebilde im weiten Himmel
gleichen sich und sind nie gleich,
sie ziehn im wirbelnden Sturm vorüber
wie die Jahre des Lebens,
unter ihnen bin ich alt geworden
in der jugendlichen Stadt Berlin.

*

Albtraum, du Feigling, stiegst wieder
durchs offene Nachtfenster ein,
überfielst mich, der ich wehrlos
im Schlaf lag, beim Aufwachen
spürte ich noch deinen Stoß
in die Magengrube, du Schuft,
aber nächste Nacht schützt mich
der Mond, mein Freund, und scheucht
dich zurück ins dunkle Gebüsch,
und Venus lächelt mir zu.

*

»Hamlet« am Ludwigkirchplatz
ist ein neudeutsches Restaurant
mit Schnitzel und Schnetzel und Spätzlen
und Pfefferminzgebüsch im Glas
und freundlichem Austausch
hinter buntscheckigen Masken.

*

Im »Kapitel 1« an der Kärntener Straße
saß die Königin der Bücher einst
auf ihrem hölzernen Thron und las,
sie wusste mehr als alles, ihr Kopf
flog in die Weite des Himmels,
ihr Körper zerstob in den Wind,
ein paar Samen wuchsen in mir:
exotisch-fantastische Blüten,
bescheidene Wiesenblumen,
in der Sehnsucht, den Träumen, der Poesie
hat sie sich allen, die wollen, einverleibt.

*

Bassgeige und Ukulele,
das junge Paar erkämpft sich
das Leben mit Musik.
Ihr habt Mut! Haltet durch!
(Man kann auch eine Note
flattern lassen.)

*

Gewaltige Wolken über dem
Bahnhof Feuerbachstraße.
Die gelben Busse erhellen
den lauten Verkehr.
Die emsigen Wespen
schert das nicht,
sie gehören dazu.
*

Meine Schwester ist beim Frisör.
Sie holt mich vor dem
pfeifeberauchten Straßencafé ab.
Ich bin nicht allein.
*

Unsere Ehepartner sind weggestorben.
Wir sehen sie nie mehr.
Jetzt sind wir wieder
Bruder und Schwester.
*

Gäste sind wir auf der Erde.
Vor der Geburt gab es uns nicht.
Nach dem Tod gibt es uns nicht.
Unvorstellbar.
*

Die Stadt ist sauber.
Die orangen Müllmänner
schieben die Container
mit der Zigarette im Mund.
*

Die Malerin Laurentia nächtigte
eine Himmelszeitlang
bei ihrem Frennd Theos
in seinem Atelier an der Porte des Villettes.
Nun wird sie verdächtigt, sie habe
eine Krankheit aus China
von Paris nach Berlin geschmuggelt.

*

Der Ostseesegler Hans Tschirke
liegt im Lübecker Krankenhaus
im Koma.
Niemand weiß warum.
Sein Leben war ihm ein Rätsel.
Den Ärzten ist er ein Rätsel.
Uns auch.

*

Kannst du das verstehen?
Stehen kann ich, aber ver kann ich nicht.
Kannst du das begreifen?
Greifen kann ich, aber be greife ich nicht.

*

Berliner Spaziergang
Nach den Kilometern am Stock
habe ich keine Beine mehr,
nur noch Flügel.

*

Karstadt an der Schlossstraße
ist so weit wie ein Fußballfeld.
Darin fand ich ein Döschen
Berliner Honig.
Verwandelter Tempelhof.
                *

        Septembermittsommer
Auf dem Sonnenbalkon
über Steglitz
unter dem diesigen Deckel,
an den der Pfeifenrauch stößt
und ihn entlang tanzt
in den herschlendernden Herbst.
                *

Sliwowitz im »Dalmatica«,
der Weg ist nicht weit,
ein paar Flugstunden nur,
und wir trinken die Ernte
der Adria im Norden.
                *

Die Gespräche am runden Tisch
von meinem Nachbarn links
zu meinem Nachbarn rechts,
von meinem Freund gegenüber
zu mir her geradeaus
stoßen in der Mitte zusammen,
donnernd fallen die Wörter
hinunter auf den Partner,
der erschrickt und sich
fügt, von den mahlenden Zähnen
begierigen Redens zermalmt zu werden.

*

Beregnet bin ich von meinen Freunden
links, rechts, geradeaus,
ich höre alles, verstehe nichts,
lächle und nicke und bin schon ganz nass.

*

Hähnchenspieße und gebratenes
Rindfleisch und Kartoffelsalat
substantivieren die Coronaparty
mit dem nötigen Abstand und Anstand
auf der sonnigen Terrasse
in Zehlendorf.

*

Der ist schon, der hat schon,
das Leben ist sonderbar,
und wir, die Begutachter,
mittendrin.

*

Der Taxifahrer bringt
die Trunkenen, die Nüchternen
durch stundenlanges Nachtleben
sicher nach Hause.

*

Die Sonne verschwindet,
der Wind hört auf,
die Haut verrunzelt,
der Tag weicht der Nacht:
wir nehmen die Wortgebilde
mit in den Traum.

*

Der Sommer im Herbst,
die Abendwärme auf dem Balkon,
der feurige Westen
unter dem grünen Blau,
die Silhouetten der kriegsresistenten
Giebel des neunzehnten Jahrhunderts,
das Abendbrot auf dem runden Tisch,
bis die starke Nacht
uns umhüllt.

*

Gespräch auf dem warmen Nachtbalkon
mit Pfälzer Grauburgunder und Pfeife
über die Leute, wie sie so sind,
wie sie sein sollten, wollten, sich wähnten,
Kaleidoskop unendlicher Vielfalt
bunt gewirkt, wie wir auch.

*

Neue Bedingungen:
er gebunden in Berlin, sie in München,
lieben heißt reisen.

*

Weit hinter Lichterfelde
wohnt das Glück.
Es wird mir geschenkt, entzogen,
überschattet, erdrückt mich,
das Glück ist eine
Ziehharmonika.

*

Auf dem schwesterlichen Balkon
in Steglitz ist der Himmel weit,
ist blau, ist grau,
der Blick schweift gebannt
in die offene Unendlichkeit.

*

Sie liebt mich, liebt mich nicht,
die Rosenblätter fallen in den Herbst,
der Mond scheint, Venus lächelt,
ich bin gebannt.

*

Hildesheimer Flacherde
bis zum fernen Horizont,
blätterreiche Einzelbäume
auf grünen und braunen Feldern,
umsäumt von Waldwellen
im sanftfeuchten Glanz
des wolkig blauen Himmels,
kleine Kirchturmspitzen
zeigen hinauf ins Ungefähre,
vor dem die geschäftigen Windräder
sich profitlich drehn.
           *

Mund-, Nasen-, Augen-, Ohren-, Hirnschutz,
nichts dringt hinein, nichts drängt hinaus.
abgekapselt kommunizieren wir
online, digital, videotisch,
allenfalls noch short messisch,
e-mailisch, fernsprecherisch,
verteilen Erdäpfel vor dem Faulen,
das Essen ist noch nicht vollständig fiktiv,
doch die Milch ist haltbar.
           *

Hähnchensalami, Hühnchenfricassé,
Kokosbananen, Erdbirnen,
Tofuschnitzel, Kuheuter
schmecken echt
nach Gesundheit.
           ****

143

Die Hecken gestutzt,
die Wildnis des Gartens geordnet,
gelenkte Natur,
für den Herbst bereit.

*

Eine Kohlmeise an den Blumenkisten,
seltener Gast
in den letzten Sommertagen,
der kühle Regen zieht näher,
erhofft, erwünscht.

*

In der Welt gehts drunter und drüber,
die Zeitungen berichten,
Macht braucht Volk,
ewiger Kampf:
die da unten gegen die da oben.

*

Nun also, tja, na ja,
Achsel zucken, Maske an,
schützt das Gefühl vor Ansteckung,
Versammlungen nur erlaubt
für eine halbe Person,
die andere Hälfte bleibt zuhause,
eingeschränkt zu gutem Zweck:
es überleben die Immunen.

*

Gedanken eines nächstens Verstorbenen
Sechzehnjährig
in feindselig fremdem Land
die Faust erhoben:
euch zeig ichs!
Das Wunderbare
behalte ich für mich,
das äußere Leben bewältige ich,
das innere erfüllt mich,
habe alles erreicht,
wenn auch anders als ich dachte,
noch ein paar Schritte
den Hügel hinauf
zum Paradies,
zum ewigen Tanz,
selig schwebend.
*

Flötenklänge öffneten die Herzen,
die Honigsäfte flossen zusammen,
der Lebensbaum wuchs,
an den Ästen reiften die Früchte,
der Wald weitete sich.
*

Wieder ein warmer Winter:
er säuselt im rosablühenden Schneeball,
im gelbleuchtenden Jasmin,
im goldenen Ligusterbusch,
in der Erde regt sich Palmensamen,
Saturn und Jupiter sind sich nah,
Mond und Sonne lächeln sich zu.

*

2021

Hohe weiße Sonnenwolke
über dem Januarrhein:
droht sie? schützt sie?
Götterzorn? Naturquirl?
Das graue Ahorn- und Buchengeäst
hält sie vom Niederfallen ab,
doch das späte Licht ist fahl.

*

Ein blaues Stückchen Europafahne
hängt hoch im Januar,
die goldenen zwölf Sterne
sind noch verborgen,
im Frühling blühen sie auf,
glauben wir Gläubigen.

*

Es schneit! Wie vor Jahren!
Ein wahrer Winter!
Die Welt ist hell!
Hartung folgt:
Steinbeinkälte.
Gefroren die Sorgen.
Freudig die Frische.
In der Erde
wachsen die Wurzeln.

*

Ruth
Blockflötenlehrerin
warst du im Nebenberuf.
Hast unzähligen Kindern
glückliche Flötentöne
entlockt.
Sie tragen dein gütiges Lächeln
durch ihr Leben mit.
Schwangst dich am hohen Seil
durch Straßen und Gärten
und weilst jetzt nach allem Verzicht
in deinem geglaubten Himmel.
*

Wir Toten können jetzt singen,
euch Lebenden lähmt man die Lippen,
wir jubeln mit den himmlischen Heerscharen,
erfahren tanzend die Träume,
die uns das irdische Leben vorenthielt,
die gewaltigen Stimmen der Chöre
erfüllen das selige Blau.
*

Mönchsgesang in burgundischen Kathedralen
dunkel über den Gräbern der Krypten,
und meine helle Knabenstimme
steigt jubelnd über den Türmen
in die ewige Seligkeit.
*

Lange der rosa Blütenschimmer
über dem gefrorenen Hornungschnee,
Sehnsucht nach dem Unnennbaren
zwischen Geburt und Tod.

*

Stapfst du dem verlorenen Paradies zu,
hältst zuzeiten inne,
die graue Wolkendecke
zu durchdringen mit Gesang:
blau leuchtet darüber auf:
die Leere.

*

Auch die warme Sonne kann
den Schnee nicht schmelzen,
unter dem die Toten modern,
die sich einst lebendig
über den hellen Schein freuten.

*

Jetzt lebst du, warst vorher nicht,
bist nachher nicht, jetzt freue dich,
spüre, schwebe, denke, träume,
sei freundlich, verschenke dich,
sei Rosenbusch im linden Wind.

*

Alte Klänge füllen den warmen Raum
im sonnigen Schneewinter,
der ersehnte Himmel ist offen,
tanzend verschwebe ich
im unendlichen Blau.
*

Hörst du den Gesang der Engel
über dem Schneewipfel der
Winterbuche im offenen Blau?
Wie schön die Stimmen klingen,
vollkommen und klar, wortlos glücklich.
*

Wenn du nach all den Jahren
die letzte Prüfung bestanden hast,
weißt du endgültig nichts mehr.
*

Ferne Flöten locken durch
die Stämme im dunklen
Kindheitswald, über den
Wipfeln blitzen helle Trompeten,
und aus den feuchten Gründen
steigen tiefe Chorstimmen auf.
*

Getragene Klänge aus allen
Sehnsüchten des gesamten Lebens
füllen in der schlaflosen Nacht
den Seelengarten wie
verheißungsvoller Wind.
*

Nie gehörter Musik
lauschst du, wenn
nachts die Seele
aufrauscht in
ungeahnte Fernen.

*

»Hell zu den Dünen empor«
sangst du mit deinem Freund Hans
aus Magdeburg verloren
im elsässischen Wald,
noch immer hörst du
euch begleiten
die inneren Fanfaren.

*

Früher jubilierten die Amseln,
frühmorgens, spätabends,
warfen ihre Arien von Baumspitzen
in die lauschende Luft –
jetzt tschilpen die Spatzen,
rumoren in den Hecken,
besprechen die Beute
für ihre emsigen Schnäbel:
die Poesie weicht dem Alltag.

*

Jetzt bist du geimpft, Schwesterchen,
wandelst erhobenen Hauptes
durch alle Virenschwaden,
nur der Tod ist noch stärker,
aber er hat zu warten
auf seine vorgeschriebene Stunde,
und ich gehe dir drei Jahre voran.

*

In Erwartung der Gäste
schaue ich fröhlich
in den sonnigen Garten:
alles ist bereit, der
Crémant d'Alsace kühl,
der Barbera d'Asti warm,
der Tisch gedeckt,
der Koch bestellt –
bald füllen Gespräche
den luftigen Raum.

*

Bringst du mir, Storch,
zwischen gelbem Kran und
grüner Tanne
im stillen Villenviertel
einen Frühlingsgruß
von den Fürther Pegnitzauen?

*

Zwiesprache mit den Toten
im Märzenfrühlingsgarten,
Primeln, Osterglocken,
Lerchensporn und Glockenblumen
schickt ihr mir von eurer
Hinterlassenschaft
in der verwandelten Erde,
ich kenne euch so, wie ihr wart,
erfahre, was ich schon weiß,
freue mich über eure innere
Anwesenheit in meinem
Seelengarten, auf dem Weg
zum Rosensommer.

*

Die Fülle des Lebens erreicht,
Wissen, Erfahrung, Erlebnis,
von fern betrachtet: Abendglühn,
der Winterruhe entgegen.

*

Einst waren wir eins,
lang schon bist du vermodert,
aus der Tiefe der Seele
reden wir miteinander,
du weißt es nicht,
ich hüte unser Geheimnis
als kostbares Geschenk von dir.

*

Der Entscheid zu kämpfen
für das Wahre, Gute, Schöne,
kleine Familie im Vorstadtsommer,
Sonne auf dem Schreibtisch,
Vivaldis Jahreszeiten von der ersten
Langspielplatte, Beginn
des langen Weges über Höhen
und Tiefen bis zur Gartenbank
im Grünen, vom Blau überwölbt.
                    *

Vivaldis Jahreszeiten,
die erste Langspielplatte,
neuer Anfang in der Schweiz,
vor vierundsechzig Jahren,
korrigieren, präparieren,
Englisch, Deutsch, Geschichte,
junge Familie mit drei Söhnchen,
Neubauwohnung am Bach,
Frühlingssonne, »primavera«,
offenes Fenster, fleißiges Glück,
jetzt Compact Disc,
Geschenk von Rich aus New York,
vor dreißig Jahren,
»primavera«, offenes Gartenfenster,
träumendes Glück.
                    *

Wintergraugrün die Fuchsien
aus dem hellen Keller
in den sonnigen Garten gestellt,
vor dem frischen Blättergrün
an Ahorn und Weißbuche
unter dem Frühlingshimmel,
bayrisch weißblau,
die Blüten werden vorbereitet,
leuchtendrot im Juli.

*

Wie jedes Lebensjahr
die erste Pfeife angeglimmt,
englischer Tabakrauch
steigt fröhlich über Mauern
und Hecken in alle Gärten:
der Mai ist nah.

*

Gartenkonzert,
unsichtbar
in frühlingsgrünen Blättern,
Mozart und Händel,
himmlische Klänge
aufsteigend ins sonnige Blau,
der lila Flieder tanzt.

*

Blauer Günsel breitet sich aus
auf meinem vormals Rasen,
auch Gänseblümchen, Butterblumen,
und dann und wann ein Löwenzahn,
früher grasten hier Kühe unter
Apfel- und Zwetschgenbäumen,
im Mittelalter wuchs da Wald,
darin hausten die Köhler,
außerhalb der Mauern, schwarzgesichtig,
zur Zeitenwende brausten Wildschweine
zur Suhle im Birsigsumpf
an der Mündung in den Rhein,
keltisch sprachen die Jäger
und bald lateinisch,
ein trächtiger Boden.
                *

Der Maisonntag ist heiß,
Ahnung künftiger Tropenhitze,
war vor Zeiten auch schon da,
Palmblätter im blauen Letten,
Lanzettfischchen am Rand
des Urstroms, der ins Mittelmeer floss.
                *

Was ist ein Menschenleben
angesichts der Hunderttausende
von Jahren von Klimawandeln
von Eis- zu Wärmezeiten,
menschenleer, aber pflanzen- und tierreich?
Wir kamen später, nahmen Besitz, im Namen
erfundener Götter, die uns Halt und Trost gaben
und es liebten zu strafen.

*

Nun, mein Pfeifel, rauchst du
in den blauen Junihimmel,
an der Rosenwand vorbei,
fast von Stifter,
die neuen Fuchsien blühn,
die alten warten auf den Juli,
die Wandelröschen machen sich bereit,
im Gras leuchten die Gänseblümchen weiß
und die Butterblumen gelb,
über allem beschützt uns die
dunkelrote Buche, sonnig ringsum,
geheimnisvoll schattig im Innern.

*

Verträumter Nachmittag
im Junischatten, umsäuselt
von zärtlichen Lüftchen
aus Büschen und Bäumen,
ferne Gewitter über dem Schwarzwald,
Kindheitsurlaub damals,
Erinnerungen an das Auf und Ab
eines langen Lebens, selige
Gegenwart im flüchtigen
Pfeifenrauch, der sich
in die blaue Unendlichkeit
verliert.
                *

In ihr Bahnwärterhäuschen
lud sie ihn ein.
Sie liebten sich
zwischen zwei Zügen.
Der Mond hing tief,
ihr Leib leuchtete silbern.
                *

Dein Leben lang
hast du dich
von Augenblick zu Augenblick
gehangelt,
das dauernde Glück
erreichtest du
nach deiner Verwandlung.
                *

Der Gewitterwind stürzt sich
von den Waldbergen rings um die Stadt
in die Gärten der Staunenden,
lässt die Bäume rauschen und schwingen
in fruchtbaren Melodien,
von alters her in künftige Zeiten,
die ewige Lebenskraft
treibt ihn und uns.

*

Die blauen Glockenblumen,
die sibirischen,
haben den Garten
ringsum geschmückt,
was die einheimischen
Heckenröschen erfreut:
harmonia entis.

*

Hubschraubergebrumm
im stillen Nachmittag,
das Krähenpaar im Baum
fühlt sich gestört und krähts,
und ich freue mich über
die Zeichen gelebten Lebens.

*

Vom Baum der Erkenntnis
habe ich gegessen,
die Frucht ist bitter:
vom göttlichen Alles
kehrst du zurück
zum ewigen Nichts.
          *

Vom göttlichen Alles
der menschlichen Gesellschaft
hast du dein Eigenes entwendet,
im Tod wirst du wieder
zu Bauklötzchen für Nachkommen.
          *

Wurzelfresser Dickmaulrüssel
vor Jahren mit Chemie besiegt,
neue Erde, ein Stängel blieb,
nun blüht er wieder jung und
vielversprechend rosarot,
Hortensienbusch von
neunzehnhundertachtundzwanzig,
gleichalt wie ich, auferstanden
in seiner Schönheit, bald
folge ich ihm nach zum Sprung
in eine andere Welt.
          *

In der kühlen Julimeeresluft
vom englischen Atlantik
lassen sich die Fuchsien Zeit,
auch die grünen Knöspchen
der Wandelröschen warten,
nur die Kletterrosen blühen
unverdrossen auf und leuchten
über den Lavendel hinunter
zu den Gänseblümchen:
ein erfrischender Gartensommer.

*

Auch mein kleines Pfeifchen
schickt ein Räuchlein
mit den Traumgedanken
in die blaue Unendlichkeit.

*

Die schweren Zweige hängen
nach dem Prasseln der
herrschenden Wolkenschicht,
aber die Luft ist kühl und klar
geworden, und im neuen Tag
richten sie sich wieder auf.

*

Liebe heißt da sein für andere,
du wirfst Samen in ihre Seelen,
damit sie aufgehn, blühn und
Frucht tragen und die Welt
sich dem Paradies nähert.

*

Ein warmer Sommerabend in der Ebene,
während an steilen Hängen der Starkregen
hinunter braust und durch die Städtchen
in den Tälern die Flüsse treibt,
Wassernot und Wassertod,
und Frieden um mich und
Gesang der Amseln.
*

Friedliche Wölkchen leuchten
vom Abendhimmel in die Gärten
und winken mir schwebend zu,
dem freundlichen Pfeifenraucher.
*

Die rosa Hortensien,
geduldig unter dem Regen geduckt,
richten sich wieder auf
und strahlen der Sonne entgegen.
*

Früher sangen wir den Kindern ein Schlaflied,
nun danken mirs die Vögel mit
ihren Abendmelodien.
*

Was brauche ich Geld und Geldeswert?
Das Nötige ist vorhanden,
den Rest verstreue ich den Bedürftigen.
*

Der Liebe pflegten wir da und dort
eine Zeit lang,
es bleibt ein gütiges Lächeln.

*

Mit der Heirat stiegst du in den Ring
des Geschlechterkampfes,
nicht Sieger warst du, nicht Verlierer,
das Unentschieden wandelte sich
in ein friedliches Gleichgewicht.

*

Leidenschaft bringt Leiden,
Zärtlichkeit Gelassenheit.

*

In den Eichendorffschen Wäldern
schienen so golden die Sterne,
die jungen Gesellen singen nun polnisch.

*

Das Deutsche Reich zerbrach
in dem furchtbarsten aller Kriege,
Rumpfdeutschland wurde zum Hort des Friedens
für Flüchtlinge aus aller Welt.

*

Der freien Schweiz
schenkte der Schwabe Friedrich Schiller
den Rütlischwur.

*

Nun leg dich in dein breites Bett
in deinem Haus voller Bücher und Bilder
zu erholsamem Schlaf.
*

Zu viele Bücher, in allen Zimmern
bis zur Decke, aufgeschichtet
auch am Boden, ein zweites Leben
nötig, ein drittes, ein Reichtum
sondergleichen, Schätze des Geistes.
*

Das Schwarzwaldgewitter
bleibt, wo es hängt,
in die absinkende Hitze
des Abends in Alemannien
schwebt der Pfeifenrauch
der Gelassenheit.
*

Die Wandelröschen haben
im August zu ihrer alten
rotgoldenen Pracht gefunden,
auch die Jerusalemkirschen
holen apfelsinenfarben auf:
der Sommer prangt.
*

Eine Sommerabendwoche
mit Besuch hin und her,
mit Essen und Trinken
und nötigem Gespräch,
der Corona trotzend:
wir brauchen einander.

*

In der lauen Sommernacht
lag ich alle Viere gestreckt
traumweis schlafend,
erhoben in paradiesische Gefilde,
müde und glücklich
am sonnigen Morgen.

*

Zuerst der Impfausweis, dann das Zertifikat,
später der Erlaubnisschein
überhaupt zu leben:
Kontrolle, Kontrolle, Kontrolle.

*

Hängen Sie bitte ihre Maske
über, nicht unter die Nase,
diktatorisch gesprochen
sind alle Gesichter jetzt gleich.

*

Die Nichtimpfenwollenden
nehmen die Impfenwollenden
in Geiselhaft,
lese ich in der Zeitung,
heiho, wir haben es weit gebracht
alle Menschen seien gleich.

*

Berlin August/September 2021

Reisefreuden
Umgekehrte Reihenfolge,
Wagen 12,11,14, nicht
ganz arithmetisch,
nicht angezeigt,
Wettlauf auf dem Bahnsteig,
mit Koffer Zugwanderung
durch eingebaute Hindernisse,
da ist Platz 44,
hingesunken.

*

Der ICE 278 zeigt uns langsam
die sommergrüne Schönheit
des Markgräflerlandes,
wir zählen die reifen Äpfel
in den niederstämmigen
Pflanzungen, grüne und rote,
die Zeit steht beinah still,
Berlin kann warten.

*

Patchworkfamilie, von da ein Sohn,
eine Tochter, mitgebracht, eingefügt,
Geschlechtsumwandlung beliebig,
mal Mann, mal Frau, mal beides,
mal keines, mal Übermensch,
mal Fledermaus, mal Engel,
mal Brülllöwe, mal Tigerweib,
mal Butterblume, Kirchenmaus,
bunte Vielfalt im Flickenteppich.

*

Sommersonnengrüne Wiesen
vor den hessischen Waldbergen,
braune Kühe ruhend,
Radfahrer auf geteerten Wegen,
Dörfer und Fabriken versteckt
in üppigen Büschen,
langsam gleitet der ICE,
damit wir die ruhige Schönheit
durchs Wagenfenster erleben.

*

Kiefernwälder ringsum,
er fliegt! der ICE!
auf Wipfelhöhe!
Tanzt in kühle Tunnel
dazwischen, und dann und wann
rauscht er über ein
zufriedenes Dorf.

*

Halt vor Hildesheim im Tunnel.
Verlass auf den Lokomotivführer
und die von ihm beherrschte Technik.
Zu uns spricht kein Götterbote,
wir wissen nichts, wir glauben.
                    *

Die Halme im Rasenstreifen
vor der Nordwestbahn in Hildesheim
tanzen sanft im Wind,
begleitet von den gelben Blüten
auf der anderen Seite des Gleises:
Natur und Technik im Einklang.
                    *

Ah, die norddeutsche Ebene,
flach wie die sichtbare Erdscheibe,
bestückt mit Bäumen und Häusern
unter dem unendlichen Himmel.
                    *

Auf Grund von Bauarbeiten
erreichen wir Wolfsburg erst um 18.23.
Der Anschluss nach Köln und Düsseldorf
ist nicht mehr erreichbar.
Also sind die Pendler erst um 23 Uhr
zuhause. Umsonst gekocht.
                    *

Schöne Bahnfahrt im Sommer:
etliche Zwischenhalte in der Landschaft
zur Betrachtung mancher Einzelheiten:
spitze Kirchtürme in der Ferne,
wehende Halme in der Nähe,
Hügel, Wälder, Felder,
ein plätschernder Bach,
Landstraße mit wenigen Autos,
Leben im Grünen.

*

Spandau: Eingangstor
für die Bahn nach Berlin,
Rathaus, Zitadelle, Havel,
Charlottenburg in spe,
Hauptbahnhof und
Ostbahnhof zuletzt.

*

Il pranzo del risotto ai funghi,
con un bicchiere di Nero d'Avola,
finisce con un caffè forte
e una grappa gialla alla Mamma Rosa
al Steglitzer Damm colla famiglia
del ristorante alla tavola prossima:
arriverderci in un anno
colla mia sorella di novant'anni.

*

Der graue Wolkenschleier
erhielte als Kunstwerk
in der Berliner Galerie
den ersten Preis
für Lichtgestaltung
fortwährenden Wandels.
*

Die weiße Maske in Bus, U-Bahn, S-Bahn,
du Ignorant,
im Taxi auch die medizinische,
du Anstecker.
*

Oh, welche Kälte im August
schleicht zu mir ins Bett,
Klimaerwärmung heißt das Schlagwort:
erwärme mich, du Wort.
*

Sist Schlafenszeit,
schon zwei Uhr in der Nacht,
Träumen statt Denken
wäre angebracht.
*

Zwergpinscher seid ihr Westler
in Afghanistan,
lächerliche Kläffer,
was wollt ihr hier im Gottesstaat?
wir bringen uns schon selber um.
*

Dans la rue, dans la nuit :
»Viens chez moi, mon chéri.«
»Non, merci, madame, j'ai un rendez-vous.«
»Oui, je sais, avec moi.«

*

Fiona was your name,
you brought me the early morning tea,
at that time, in the sailors hotel
to my young man's bed,
softly stroking my shoulder –
and hey, we were both under the eiderdown.

*

Fiona war dein Name,
brachtest mir den early morning tea
damals im Seemannshotel
an mein Jünglingsbett,
sanft mich an der Schulter streichelnd –
schwupps, waren wir zugedeckt.

*

Meine Heimat ist der Himmel,
wo die Patriarchen wohnen,
Abram, Isaak, Jakob,
baue mir ein Hüttchen in der Wüste,
schlage Wasser aus dem Felsen,
sitze in einer grünen Laube,
träume mit der Bansuriflöte…

*

Zu den Lerchen über den Feldern
steigst du auf und tirilierst,
senkst dich nieder in deine Furchen,
pflügst den Acker, der dir bestimmt,
er bringt dir reiche Frucht,
zuweilen steigst du wieder
zu den Lerchen auf und tirilierst.

*

Die Dozentin am Neuen College,
Schwarzhaarige,
»Bleib du bei mir, wenn die Studenten gehn,
wir Lehrenden rücken nah zusammen,
in Zeiten des Exils,
bleib du bei mir
und zünde das Feuer in dir an,
das nicht verzehrt, sondern belebt,
wie einst der Dornbusch in der Wüste.«

*

Freifrau von Itzenplitz,
auch du im englischen Exil,
was trieb dich her? Die Wahrheit?
Du öffnest deine Klause,
gibst mir zu trinken
aus dem Becher der Güte
zu allen Menschen, die willig sind.

*

Im kräuselnden Pfeifenrauch
umtanzen dich die Gestalten,
die dir nah waren,
nur dein Schein lächelt inmitten,
du selbst sitzest hoch oben im Geäst
des Birnbaums deines Vaters,
betrachtest die Wolken darüber,
wie sie sich zukunftsträchtig
ewig wandeln.

*

Die Sonne hinterm Abenddach
gegenüber, von den hängenden Ästen
des Tagbaums befreit, dem Wesentlichen
näher, Silesius, deine Heimat
ist anders, dich kümmerts nicht,
an deinen leuchtenden Spuren
schweben wir hinan.

*

Gespräche geführt in Steglitz,
in Schöneberg, in Wilmersdorf,
in Kreuzberg und in Zehlendorf,
und sonst noch da und dort am Rand,
so viele Menschen, so viele Meinungen,
und alle wollen abheben
vom alten Flugfeld Tempelhof
stracks ins Glück.

*

Hohes Alter, dank der Medizin –
den Tod auf den Apfelbaum gebannt
durch den Schmied von Jüterbog –
Stock, Gehwagen, Rollstuhl, Sarg,
vier Räder, wenn Urne zwei, oder
Asche in alle Winde zerstreut.

*

Taxi im Stau am Grazer Damm,
alle wollen heim
ins Glück am Abend,
wir rucken sachte vorwärts –
geduldig.

*

Die Nachbarn auf dem Balkon
über mir erfreut mein Pfeifenrauch,
wenn er sich mischt mit ihrem
Zigarettengekräusel.

*

»Herr, ich glaube,
hilf meinem Unglauben«,
sagt Rabbi Schaul
im ersten Korintherbrief.
Das Fundament ist der Unglaube,
der Glaube das Pfeifenrauchgekräusel
als tröstlicher Schmuck.

*

Die Sonne wärmt,
der Wind kühlt,
ein blauer Sommerabend.

*

Abendtheater der wilden Wolken
im goldenen Schein, sie drehen sich
und wenden sich und wandeln, ich
schaue zu vom besten Platz
auf dem Balkon.

*

Uhlandstraße, Jugendstil,
luftige Räume gefüllt mit
langem schönem Leben,
Quittenlikör nach eigenem Rezept,
Gespräch über dreitausend Jahre,
von Zarathustra bis Jaspers,
ein Merktag im Herbst 2021.

*

Sinkende Septembersonne,
du wärmst mich auf dem Balkon
vor der kommenden
Atlantikkühle,
es wird pusten, es wird prusten,
für den Herbst bin ich gerüstet.

*

Für den Geburtstag am Sonnabend
auf der Terrasse in Zehlendorf
errichten die Freunde ein Zeltdach,
damit wir Bratwurst und Kartoffelsalat
auf trockenem Teller verspeisen,
inmitten des trommelnden Gesprächs.
*

Einen Berg Tagebücher
hast du hinterlassen,
als dein Herz nicht mehr schlug,
geliebter Sohn,
wer liest in deiner Seele?
Niemand. Das wars.
*

Goldner Abendsaum
hinter den Dächern Berlins,
vergessender Untergang,
lebendige Gegenwart.
*

Fliegender Abendstern
auf dem Weg
zum Klinikum Steglitz,
Rettung eines Lebens,
vielleicht.
*

177

Die Lichter im Haus gegenüber
an der Borstellstraße,
darin gehn die Menschen hin und her,
erleben den traulichen Abend,
als ob es immer so wäre.

*

Café Thoben gegenüber dem S-Bahnhof
Feuerbach
am letzten Septembersommertag,
Ludwig,, entscheidender Aufklärer
in Heidelberg, Lehrer
Gottfried Kellers:
»Nicht Gott hat den Menschen erschaffen,
der Mensch hat Gott erschaffen.«

*

Feuerbach: ein Dorf im
Markgräflerland am Fuß
des Schwarzwalds mit der Mühle
am Bach, schön hergerichtet
zu Gesprächsstunden
kluger Menschen.

*

Keine Geschäfte mehr mit England,
Zölle zu hoch, English Traders
in Neukölln hat Ausverkauf,
England goes down, schon mal gehört
vor siebzig Jahren, but hope for the best.

*

Letzter warmer Abend im September,
doch noch ein kleiner Sommer,
der Rauch der Pfeife tanzt und
ringelt sich über den Wipfeln
der Kastanien, lächelt den
fernen klaren Wolken zu.

*

Sonntagsumleitungsrundfahrt
durch Baustellenberlin
mit U und S und Bus und Schienenersatz,
wozu Fahrstuhl und Rolltreppen?
Steinerne Stufen aus dem 19. Jahrhundert
sind haltbar und stets betretbar.

*

Die Menschen wollen glauben,
an Gerechtigkeit, an Glück und
ewige Seligkeit, das muss man
sich verdienen, der Pfad ist eng und steil,
was bleibt uns nach den Göttermythen
alter Völker, nach Marxens
gescheitertem Messiasglauben:
nicht im Jenseits, sondern hier und jetzt?
Hoffnung, und Arbeit im kleinen Kreis.

*

Auf der begrünten Terrasse
in Zehlendorf feiern zwanzig Gäste
jeglichen Alters
einen neunundfünfzigsten Geburtstag,
noch sind die Wichtigen im Saft,
die Jungen streben überzeugend,
die Alten lächeln,
der Grill brutzelt,
die Getränke erfrischen,
der Uralte raucht seine Pfeife,
witziges Reden springt hin und her,
und der Regen hält
den vorgeschriebenen Abstand.

*

Abschiedspfeife auf dem Abendbalkon
hinter Geranien unter der Markise
auf der Wipfelhöhe der Kastanien
an der Borstellstraße,
alte und neue Giebel gegenüber,
in der Ferne die Türme
des Kraftwerks Lichterfelde,
rettender Hubschrauber
zum Klinikum Steglitz,
dröhnende Reifen auf dem Pflaster,
Stimmen der Vorübergehenden,
aufgelockerte Blauhimmelwolken:
Tschüss bis zum Frühling.

*

Hauptbahnhof Berlin,
an der Sonne unterm Glasdach,
die Ansagerin stakt durch
einen Wortwasserfall,
der uns um die Ohren platscht.
*

Die grüne Ebene streckt sich
zwischen Kiefernwäldern,
nirgends der Himmel weiter
als über Brandenburg.
*

Die weißen Wolken, sie reiten,
im westlichen Wind übers Land –
wie das Lieblingslied von
Freund Hans aus Magdeburg,
nach Ostland geht unser Ritt,
damals von Fanfaren begleitet,
über die Elbe zur Oder.
*

Fern der weiße Windräderwald,
berührt die Schönwetterwolken,
unter uns die blaue Elbe,
sanfter Fluss durchs grüne Land.
****

Einer aus alten Tagen
sprach mich auf der Straße an,
wie das lebendig sei in ihm,
erzählte von andern
aus alten Tagen,
mir wars, er läse aus einem Buch vor,
vergangenen Lebens,
spannend, doch fern –
ich lebe jetzt.

*

LABOR ROTHEN, Am Puls der Medizin,
Kornhausgasse,
der maskierte Briefträger kommt heraus,
junges Personal lüftet das Kinn,
beduftet die Luft,
in der die Schlange der Menschen ruckt,
ihren Lebensausweis zu erlangen,
der sie aus der Verbannung erlöst.

*

Am Petersgraben, Erinnerung
an Studium, nach acht Semestern
Staatsexamen, nach einem Jahr
die Dissertation, Examina
vorwiegend Jahreszahlen,
Fleiß gefragt, nicht Tiefe,
Glanz bei Außerordentlichen,
ohne Entlöhnung, habt Dank.
Jost in der reichen altenglischen
Literatur, von den Steinen im
»Kosmos des Mittelalters«,
Mittellatein, Scholastik,
das Paradies auf Erden zu erlangen,
bleibt bis heute innerlich.
                *

Wir hasten und eilen und rennen dahin,
ich bin schon zu spät, die Zeit ist zu knapp,
das Ziel ist erreicht, am heutigen Tag,
auch für morgen ist das Programm
schon ganz voll.
                *

»Ich sinne in deinen Schriften Tag und Nacht«,
Jahrtausende lang,
das Buch der Bücher lese ich nie aus,
doch der Talmud übertrifft alles:
ein unendliches Rätselgespräch,
und guter Rat für den Alltag.
                *

When we both fell down
on my student's bed,
I didn't know
you would become
my permanent dream.

*

We were lying in the field
under the larks' ecstasy high up:
I saw your breasts heaving
excitedly up and down,
you whispered: I feel united.

*

Der kleine Bergkristall,
den eine Frau mir gab, einst,
damit ich sie nicht vergesse,
liegt auf meinem Schreibtisch,
und wer warst du?

*

Heute vor sechs Jahren,
geliebter Sohn,
wurde es dir vor dem Duschen
schwarz vor den Augen,
du setztest dich, aber dass
du gleich tot auf dem Boden lagst,
den Waschlappen in der Hand,
wusstest du nicht mehr,
auch nicht, dass wir dich
nur mit geschlossenen Augen
lebendig vor uns sehn.

*

Auf dem Gehsteig
von Rollerkindern elegant umschlängelt
schreite ich bedächtig
als wandernder Laternenpfahl
zum Briefkasten an der Ecke
mit einem Geburtstagsgruß
an eine rollerbrausende
Urenkelin.

*

Nachtgarten im Oktober,
warmer Wind aus Andalusien,
blätterrauschende Luft,
mondsilberne Wolken,
blinkender Flieger nach Teneriffa,
einzelne Sterne,
die letzte Pfeife des Jahres,
ihr Rauch fliegt dahin,
wie das Leben in die Nacht.

*

Durch die Tage wandern,
hügelauf und -ab,
mit letzter Kraft
den Bergrücken erreichen,
verwandelt abheben
ins Unbekannte…

*

Gustave Flaubert lernt von
Michel de Montaigne:
Wahrheit ist offen,
nicht zu erfassen,
aber zu ahnen,
herunterzuholen ins tägliche Leben,
um zu erklären,
was nie klar wird.

*

Was willst du noch
in der winterlichen Stube,
die Rosen siehst du nicht mehr blühn,
aber schweben wirst du
immer tiefer ins göttliche Licht.
*

Damassine d'Ajoie,
ein Geschenk von M und M,
unzertrennlich,
lodert im Innern,
wir träumen uns nah.
*

Anna Maria
Hast ein hartes Leben geführt,
unter Dornen erblüht zur Rose,
der Nikolaus steckte dich in
seinen Sack voller Lebkuchen,
kurzer Schreck, und du
fliegst hinauf in die
ewige Seligkeit.
*

Wohlig brummende Hummel
unter dem Schirm der Fuchsien,
wo hast du dich im Winter
verkrochen? Der Sommer kommt wieder.
*

Du hüpftest, in Zeiten der Pest,
mit mir unter eine Decke,
wir taten uns gut,
dein Leben verbrachtest du
in einem anderen Garten,
die Nachricht von deinem Flug
in die Unendlichkeit
tat manchem weh.

*

Theres
Schneeweißchen aus dem Märchenbuch
der Brüder Grimm entsprungen
wandertest du an Bären und Wölfen vorbei,
maltest deine Welt bunt
hinter der Dornenhecke,
schwebtest, Königstochter,
durch unsere Träume,
legtest im Mondlicht
funkelnde Kiesel
durch den wilden Wald
zum vertrauten Herd,
nun tanzt du, Rosenrot,
zurückgekehrt ins Märchenbuch
der Brüder Grimm
zu himmlischer Musik
und erfüllst unsere Seelen
mit strahlendem Glück.

****

2022

Anekdoten aus der Vergangenheit
leuchten im Dunklen auf,
wir schenken sie einander
im Gespräch.

*

Die Januarsonne kämpft sich
durch die Nebelschwaden
hinunter zum blühenden
Winterjasmin.

*

Neugierig guckt der bleiche Mond
im weichen Blau über den Dächern
durchs Sonnenfenster herein zu mir,
wie es denn so sei im März 22,
fernab vom Weltgetöse im
blühenden Garten umstanden von
wartenden Bäumen mit blattlosen Ästen
zwischen denen die Spatzenhorden
eifrig wirbeln:
still und schön am Nachmittag
seit hundert Jahren.

*

Ein goldener Schimmer über der Stadt
aus dem hellen Wolkenvorhang:
Verheißung künftigen Glücks,
übers Mittelmeer
herüber gewindet:
Saharasand.

*

Im Waisenhaus   September 1939

Der Zweijährige
wird tot aus dem Teich gezogen.
Der Dreizehnjährigen war er
zur Aufsicht übergeben worden.
Während sie mit einer Freundin plauderte,
war er ihrem Augenmerk entglitten.
Ein Kreis von Mitwaisen bildet sich.
Manche zeigen mit dem Finger:
Mörderin.
Ein Schluchzen schüttelt sie,
bevor sie versteinert.
Ich war elf, konnte nicht helfen.
Was ist aus ihr geworden?
                    *

Das erste Pfeifchen, englischer Tabak,
im kühlen Mai, die ersten Rosen blühn,
der blaue Günsel leuchtet im Gartengras,
»Komm, güldner Friede«, 1944,
Ernst Ginsbergs Sammlung, damals,
sist wieder Krieg, Ahriman wütet,
Ormuzd seufzt, wir leiden mit,
noch schützt uns die Idylle,
wie lange noch?
                    *

Die Menschen eilen, schlendern,
gelenkt von Gedanken, Gefühlen, Pflichten,
warten auf die Straßenbahn,
dahinter die Predigerkirche,
andere Zeiten, andere Ängste,
unsichtbar tanzt der Tod von Basel
dahinter im großen Krankenhaus
für alle.

*

Ianus reckt sich unter Linden,
Anfang und Ende des Menschengeschlechtes,
nach göttlichem Plan in die Ewigkeit.

*

Foto vor dem Hebelhaus:
Ich war da!

*

Mit Freunden Gedanken getauscht
im Garten über der glänzenden Stadt,
was vor dir war, was nach dir wird,
das Leben betrachtend, das Alter
empfunden, noch bin ich, eine Weile,
der Abendmond lässt die Wölkchen
unter sich, wie du dein tätiges Sein,
die Rosen blühn, die Buche glüht,
der Tag vergeht, die Zeit steht still,
du versinkst in erquickenden Schlaf.

*

Sommerabenddämmerung
mitten im südwindwarmen Mai:
langes Wort, fließt ruhig dahin,
zwischen den grünen Büschen und Bäumen
der alten stillen Gärten,
nur die Vögel zwitschern noch
zufrieden, und der Glockenschlag
von Sankt Paulus streicht verlässlich
über die Dächer her seit mehr als
hundert lebensvollen Jahren.

*

An manchen Sommerabenden
wie heute haben wir uns die Seele
aus dem Leib geredet, hergekommen
aus Savoyen, Brescia, dem Elsass,
der Pfalz, Franken, Mecklenburg,
Baden, dem Wiesental, dem Hotzenwald,
zerstreut nun nah und fern,
Leben aus tausend Quellen in alle
Himmelrichtungen getragen.

*

Ein fröhlicher Vogel schickt mir einen
schwarzen Fleck auf die helle
Hose: du Erdenkloß da unten,
ich fliege zwischen Himmel und Erde,
und der Rauch meiner Pfeife folgt ihm
sehnsüchtig hinauf.

*

Von der Liebe soll ich fröhlich reden,
ihr Heiratenden, das ist ganz leicht:
ich lese euch – keine Angst, kein Gebot –
aus dem zweiten Korintherbrief, die Liebe
ist geduldig, erträgt alles,
manchmal wirkt das Rezept,
Poesie aus der Tiefe der Seele.

*

Fünfmal schlägt die Uhr von Sankt Paulus
am stillen Nachmittag im Garten,
umhüllt vom Mittelmeerwind aus Spanien
träume ich mein gelebtes Leben,
mein gewünschtes, mein zukünftiges,
für die schönsten Stunden schließe ich
die Augen und sehe die inneren Rosen
blühn und atme den weißen Fliederduft.

*

Junidonnertanz zwischen
Schwarzwald und Jura,
laue Luftstöße: he, freu dich,
das Leben quirlt und du schwebst
wie ein Langbein mitten drin,
und Nachbars Kinder schreien vor Lust
wie du einst und jetzt innerlich.

*

Die ziehenden Wolken verdecken
den blauen Himmel nicht,
für alle ist Platz, für Spatzen
und Katzen und Mäuse und Rosen
und auch einen Pfeifenraucher
voll Schwung und wirbelnden Träumen.

*

Pfingsten, das liebliche, legt sich
schwül in die Bäume,
Flugzeuge tragen die letzten Nachbarn
in die Meeresferne, die Blätter
flüstern im Wind, die Vögel zwitschern,
die sibirischen Glockenblumen leuchten
blau unter den Rosen ringsum,
die Gedanken wandern träge,
Träume steigen auf,
unendlich schön.

*

Ein Freund übt im Keller Saxophon,
er melodiert, unwissend, meine
Sommergartenträume,
tänzerisch schwingend.

*

Ah, Oberkirch
in der Ortenau
schenktest mir in viereckiger
Flasche den Edelbrand
Zibärtle, versenkt mich
in die Tiefe meines Seelengartens,
wo die Träume aufsteigen
zu ungeahnter Seligkeit.

*

Marguerite de Lure,
Margarita di Barberano,
Margrit von Bern,
Margarete meine Mutter,
ihr Perlen im Kranz,
im Tanz um mich,
hegend, pflegend, erregend,
ihr Glänzenden,
mir Innewohnenden,
seid für euer Wollen
meines Wohls
bedankt.

*

American voices in my neighbour's garden,
New Jersey? Ohio? Oregon?
Maybe elevated L.A.,
or plain Bronx?
My cousins all over North America
have died in peace,
after they left Europe
which decayed and fell into ruins.
»Land of the Free« if you work hard,
they worked hard and became free.

      *

Die Junihitze bedrückt die einen,
erfreut die andern und mich.
Wasser in die Geländertröge,
unter die Büsche, auf die Wiese,
in mein Glas, und bald
in gewaltige Gewitterwolken:
kraftvoller Sommer.

      *

Sommerzeit. Zehn Uhr abends.
Der Himmel leuchtet weiß
durch das Blattwerk der Bäume,
ein Lüftchen umsäuselt mich zärtlich,
der Tag ist getan, die Wäsche versorgt,
das Wasser verteilt,
die Seele ruht,
ich träume.

      *

Atlantische Tropfen mustern
den rötlichen Klinker
auf meiner Terrasse.
Gleich steigen sie als Dunst
mit dem warmen Wind auf.
Mein Pfeifenrauch gesellt sich dazu.
Fuchsien und Wandelröschen schauen
den Entschwindenden nach.

*

Über dem üppigen Grün der Büsche
und Bäume hängen dunkle Wolken
im feuchten Sommernachmittag.

*

Der Schnittlauch sprießt freudig
wie die Pfefferminze nebenan,
auch das Bohnenkraut räkelt sich
selbstbewusst und wartet auf mich.

*

Abschied
Die Stufen in den Wagen
hinaufgeklettert, den Koffer
nachgezogen, nach kurzem Nicken
ins Innere verschwunden –
fahr wohl, bis wir uns,
wer weiß, wieder sehen.

*

In fränkischer Heimaterde ruhn
meine Freunde, meine Paten,
und ich sitze noch im Garten
meines Fluchtpunktes, in den
mich mein Freund aus Magdeburg lotste,
auf dem Wolfgottesacker wird
meine Asche aufnehmen eine Grabstätte
derer aus dem Hotzenwald, dem Elsass,
dem Baselbiet, von allen wird bleiben
ein Name für die kleine Weile.

*

Gast bin ich hier, der pater familias,
betrachte mein langes Leben,
die kurze Zeit, die verfliegen wird
wie der Rauch aus meiner Pfeife,
die Stille der Gärten umhüllt mich
und die Wärme des Sommerabends.

*

Die vielen Flieger im Abendhimmel
tragen die grünen Naturburschen
in den erwünschten Urlaub,
ich winke ihnen zu und erfreue
mich des Friedens im Garten
des Hauses, erbaut als ich
geboren wurde im Nathanstift zu Fürth.

*

So viel Leid auf Erden,
ich bin ihm entronnen ins
innere Glück, umblüht von
Wandelröschen und lila Hibiskus.

*

Der Abend verdämmert,
der Tag, das Jahr,
nach einer kleinen Weile
auch ich.

*

Wer bist du?
Manchmal erwähnt,
wie du warst,
hast gelebt, gelacht,
geliebt, gelitten,
ach ja, ich kann
mich erinnern.

*

Im Tanzwind schwinge ich mit,
hinunter zur Erde,
hinauf ins Unendliche.

*

Diese Hitze! Doch der Nordwind
streichelt die Haut am Abend,
hinter den Büschen quirlt
fröhliches Gespräch in allerlei
Tonarten, und mein Pfeifenrauch
tanzt in den Luftwellen umher,
über den apfelsinenen Jerusalemkirschen.
＊

In der Nacht der Persiden
lacht sich der Mond rund
und fängt die funkelnden Schnuppen
in seinen silbernen Schein.
＊

Berlin--- August/September 2022

Schwarze Wolken über Steglitz,
weiße über Friedenau,
kühle Wärme am letzten August
im blätterfallenden Trockensommer,
die Stille des Nachmittags
auf dem Balkon über den Dächern
bis ins ferne Lichterfelde,
Sehnsucht ausgebreitet
nach der blauen Unendlichkeit.
＊

Den älteren Männern sterben
die jüngeren Frauen dahin,
sind die Verhältnisse umgekehrt:
wer mehr arbeitet, lebt länger?

*

Die Pfifferlinge zu stark gesalzen,
das Omelett zu fett gebraten,
der Salat aus dem Eimer
zu sauer versoßt:
wo bleibt da die Kunst des Kochens?

*

Im Vorbeigehn am Steglitzer Damm
der Schwenk zum blauen Fußbad
unter der Nagelschere der zierlichen
Vietnamesin »Kleine Rose«:
ein Wunder der Schönheit, der Güte,
des weltweiten Wohlwollens.

*

Nachbarliches Balkongeplauder,
leises Gleiten über den Redesee,
der Himmel im Wasser,
die Wolken in Wellen,
die kleinteilige Harmonie
der Uferwiesen und Landungsstege,
und über allem wölbt sich das Weltall.

*

Die Sonne versinkt hinter dem
Nachkriegsziegeldach gegenüber,
doch ein goldener Schein steigt über den First
zu mir herüber auf den Abendbalkon.
So dauert der Abschied vom Tag eine Weile an,
wie das Verschwinden eines geliebten
Menschen nach seinem Hinschied.
*

Herbstliche Milde unter der Markise
auf dem Steglitzer Balkon über
den sommerdürren Kastanienbäumen,
deren grüne Kugeln auf den freien Fall
warten, hinunter auf das polternde
Straßenpflaster und die scheppernden
Autodächer, die fahrenden und
die ruhenden, des tags und des nachts.
****

Die Sommerpracht der Fuchsien
und der Wandelröschen in den sonnigen
Oktobergarten hineingewachsen,
ein Büschel Rosen blüht an der
Backsteinwand, eine Reihe vergnügter
Buschröschen zieht sich hin bis
unter die Buche, doch die
beginnt zu gilben. Ich sitze
in der Gartenstille des Nachmittags
und verweile in Brechts Gedichten.
*

Sommer im Rosengarten,
letzte Woche im Oktober,
sie leuchten aus dem grünen Flor:
Ahnung vom ersehnten Paradies.

*

Der Mond deckt mittags nur
ein Fünftel Sonne:
den Oktobersommer will er nicht stören,
erhellt die Pflanzen nachts mit seinem
sanften Schimmer, das tut allem,
was ihn fühlt und ihm vertraut,
auf stille Weise gut.

*

Der Mond sitzt im Geäst,
späht durch die Novembernacht
durchs Fenster in meine Stube,
wir betrachten beide das Getümmel
der Welt im Fernseher,
schalten ab und versinken in
leisen Träumen wie das Leben
zärtlich und friedlich wäre.

*

Die goldene Novemberbuche
wächst königlich in den Himmel,
solche Pracht vor dem Warten im Winter
auf neues Leben in anderer Zeit.

*

Wie ist dies Leben doch so wunderbar,
so ganz entsetzlich, so himmlisch schön,
so höllisch folternd, Lebenskampf
selbst zwischen Liebenden, wer
überschüttet dich mit süßen Wellen,
dass du untergehst als Mensch
und auftauchst als Höriger,
du lachst und weinst und lächelst weise
und stirbst am Ende hin ins Nichts.
*

Kalt ist der eisige Winterschnee,
rutscht von den Ästen auf die gefrorene
Decke, worunter alles erstarrt
auf die Sommerwärme wartet.
*

von Walter Dellers erschien:

Pegnitz, Rhein und Spree
Gedichte 1998 - 2011
ISBN 978-3-86386-299-2

Vom Espan her
Gedichte 1946 - 1997
ISBN 978-1-49756-940-9

Frag nicht, betrachte
Gedichte 2012 - 2014
ISBN 978-1-51488-740-0

Im Wind der Zeit
Gedichte 2015 - 2017
ISBN 978-1-72068-417-6

Eine Kindheit in Fürth
1928 - 1939
ISBN 978-3-74312-657-2